Seefahrt!
Abenteuer in der Trampschifffahrt

Dieses Buch beschreibt einen weiteren Teil der Lebensgeschichte des Autors, niedergeschrieben anhand seiner Erinnerungen.

Alle in diesem Buch vorkommenden Personen sind oder waren Personen des wirklichen Lebens. Um ihre Privatsphäre zu schützen, sind die Namen verändert worden, nur nicht der des Autors.

Vielen Dank an:
Frau Magdalene Jensen, Lektorin

Quellennachweise:
Das maritime Lexikon, Herr Wesselhoeft
www.wesselhoeft.net/Lexikon/Lexikon.htm
Wikipedia – Die freie Enzyklopädie
Seemannsamt Hamburg

FRIEDRICH HEINRICH SYNOLD

Seefahrt!

Abenteuer in der Trampschifffahrt

Autobiografisches

Bibliografische Information der Deutschen Nationalbibliothek
Die Deutsche Nationalbibliothek verzeichnet diese Publikation in der Deutschen Nationalbibliografie; detaillierte bibliografische Daten sind im Internet über http://dnb.dnb.de abrufbar.

© 2015 Friedrich Heinrich Synold
Satz, Umschlaggestaltung, Herstellung und Verlag: BoD – Books on Demand
ISBN 978-3-7392-7114-9

Inhalt

Vorwort	7
Datenblatt »Marie Reith«	9
Anreise und Anmustern	11
Mittelmeerfahrt	20
Winter Nordatlantik, Nordamerika	38
Südamerika, Amazonas	65
Newport News, unfreiwilliger Zwischenstopp	91
Heimfahrt oder auch die letzte Reise	111
Nachwort	135
Glossar	137

Vorwort

Decksmann Fiete hatte Weihnachten zu Hause im Kreise seiner Familie in seinem Heimatort Schwarzenbek in der Nähe Hamburgs verbracht.

Anfang Dezember hatte er in Bremen von seinem letzten Schiff abmustern müssen, weil seine Gesundheitskarte abgelaufen war und er dort keine neue erhalten hatte, da man beim anstehenden Gesundheitscheck einen vermeintlichen Schatten im Bereich seiner Lungenflügel festgestellt hatte.

Wie sich dann aber später glücklicherweise herausstellte, hatte das Gerät nur einen technischen Defekt.

Fiete, der von all dem nichts ahnte, verbrachte das Weihnachtsfest, total deprimiert, bei seinen Eltern.

Kurz darauf teilte man ihm mit, er solle noch einmal durchgecheckt werden, nun aber in Hamburg.

Im Hause der SBG Reimerstwiete konnte dann aber niemand irgendwelche gesundheitlichen Einschränkungen feststellen. Nach dieser erneuten Untersuchung händigte man ihm seine nunmehr zwei weitere Jahre gültige Gesundheitskarte aus.

Es war bereits Ende Januar. Es lag Schnee, und der Frost ließ das Wasser in den Bächen zu Eis gefrieren, mit anderen Worten: Es war saukalt.

Fiete, seines Zeichens immer noch Decksmann, war zu diesem Zeitpunkt ziemlich klamm, seine Barschaft neigte sich allmählich dem Ende entgegen.

Also setzte er sich in die Bahn und fuhr nach Hamburg zu Max, dem Heuerbaas im Heuerstall an der Seewartenstraße.

Und Max hatte, so wie er Fiete hoch und heilig versprach, auch einen »ganz guten Dampfer« an der Hand.

Da Fiete noch nie, bewusst oder unbewusst, etwas von der Reederei

»ORION« gehört hatte, nahm er die Empfehlung von Max für die »Marie Reith«, einen Trampdampfer, dankend an. Max hatte ihn noch nie in die Pfanne gehauen und ihm einen schlechten Dampfer verpasst.

Er begab sich zum Büro der Reederei »ORION« Edwin Reith zur Palmaille.

Dort erwartete man ihn schon. Es wurde unverzüglich alles besprochen und die Musterung klargemacht.

Die ganze Sache hatte nur einen kleinen Haken: Der Dampfer lag in Italien, in Savona, im Golf von Genua.

Fiete sollte sich schnellstmöglich auf den Weg machen, was ihm nur recht war. Die Bahntickets für ihn lagen auch schon bereit, dazu gab es etwas Kleingeld für die Wegzehrung und das Taxi zum Schiff.

Bei der Frage, wie es denn mit einem Flug von Hamburg nach Italien aussehe, wurde sofort vehement verneinend mit dem Kopf geschüttelt.

Ein Flug für Mannschaftsdienstgrade? Absolutes No-Go!

Na okay, egal. Man kann ja mal fragen.

Am Nachmittag saß Fiete dann auch schon in einem Direktzug Hamburg–Mailand.

Er lehnte sich auf seinem Fensterplatz entspannt zurück und lächelte in sich hinein:

»*Endlich wieder ein Dampfer.*«

Datenblatt »Marie Reith«

Stapellauf am 14.04.1967 Schiffbau-Gesellschaft »Unterweser« AG Bremerhaven, Baunummer 460, abgeliefert an die »ORION« Schiffahrts-Gesellschaft Reith & Co. Hamburg am 20.06.1967

Eigner:	Patenreederei M.S. »Marie Reith«
Bereederung:	Reederei »ORION« Schiffahrtsges. Reith & Co. Hamburg
Unterscheidungssignal:	DGSS
Heimathafen:	Hamburg
Länge:	96,66 m
Breite:	14,97 m
Tiefgang:	5,70 m
GRT:	1.866 Brt.
tdw.	2.813 tdw
Cont. Stellplätze:	zwei Doppelluken mit Herftstück
Hauptmotor:	Oll 4SA 8 Zylinder 400 x 580 mm with reduction gearing, 2.200 bhp, Klöckner-Humboldt-Deutz
Geschwindigkeit:	14 Knoten
Bauwerft:	Schiffbau Unterweser
Stapellauf:	1967
Indienststellung:	1967

Verbleib: November 1974 an Flipper Shipping Co Ltd. Monrovia um in »Hippo Sailor"
   1976 an Scomber Shipping Co Ltd. Monrovia um in »Scomber"
   1977 an Inter Power Shipping Co SA Panama um in » Cape Hero"

1977 an East Mediterranean Shipping C. Istanbul um in »Himno 1"
1978 nun Heimathafen Panama
1979 an Ayan Cia Naviera SA Panama um in »Ayan 1"
1980 umbenannt in »Charm«
1981 an Port of the Sky Co Panama um in »Transeast«
1986 um in »Davut 1"
1996 neu vermessen, nun 1.560 BRZ./<u>2009 noch in Fahrt</u>

Anreise und Anmustern

Der Zug ratterte stetig durch die deutschen Lande südwärts und Fiete blickte mäßig interessiert auf die vorüberfliegenden verschneiten Winterlandschaften.

Am späten Abend, nach einem Stopp im Münchner Hauptbahnhof, betrat ein italienisches Ehepaar mit zwei kleinen Kindern das Abteil. Wahrscheinlich waren es Gastarbeiter, die in den Urlaub fuhren.

Schwerfällig radebrechte der Italiener, auf einige allgemeine Floskeln Fietes eingehend, aber eine wirklich sinnvolle, flüssige Unterhaltung wollte nicht so recht in Fahrt kommen.

Kurz nach Mitternacht schreckte Fiete plötzlich hoch. Er musste wohl leicht eingenickt sein.

»Was ist los? Warum stehen wir?«, waren die Fragen, die er unvermittelt hervorbrachte.

»Schnee, viel, viel Schnee«, erwiderte der dunkelhaarige Südländer und wies zum Fenster. Fiete sah hinaus: trotz der Dunkelheit nur glitzernder Schnee, so weit das Auge reichte.

Vom Gang her war nun auch ganz deutlich Stimmengewirr zu vernehmen, und anhand der Gesprächsfetzen – so viel hatte Fiete verstehen können – arbeitete vor dem Zug schon eine sehr starke Schneefräse, die das Gleis wohl in kürzester Zeit geräumt haben sollte.

»Irgendwie auch beknackt, hier im tiefsten Winter durch die tief verschneite Schweiz eine Tour per Bahn quer durch Europa zu machen, nur um zu einem unbekannten neuen Dampfer zu kommen. Und dabei weiß ich noch nicht einmal, was mich dort erwartet.«

Mit diesen Gedanken war Fiete nach kurzer Zeit in seiner Ecke am Zugfenster wieder eingenickt. Das neuerliche Anfahren des Zuges hatte er schon gar nicht mehr mitbekommen.

Ein vorsichtiges, zögerliches Zupfen am Jackenärmel erweckte Fiete langsam aus seinen schönsten und tiefsten Träumen.

Das italienische Familienoberhaupt stand mit einem etwas verlegenen Grinsen vor ihm. Es hatte Fiete geweckt.

Es war bereits heller Tag, und sie fuhren immer noch durch bergige Gegenden, nur der Schnee war verschwunden.

Anstatt des Schnees von letzter Nacht trafen nun große Regentropfen wie ein unendlicher Trommelwirbel auf die Scheiben des Zuges, der sich immer noch recht flott südwärts bewegte.

»Du haben Hunger?«

Lorenzo, so hieß der italienische Mitreisende, blickte Fiete aus großen fragenden Augen an.

Nun erst bemerkte Fiete, wie sein Magen knurrte und dass er sehr lange nichts mehr gegessen hatte. Deshalb nickte er bejahend.

Und dann begann die kleine italienische Familie aufzufahren: kaltes gebratenes Hähnchen, echten italienischen Schinken, Stangenbrot, diverse Sorten Belag und eine Menge anderer appetitlicher Kleinigkeiten sowie Kaltgetränke.

»Wo hatten die bloß die Fressalien gelagert? Für die Menge benötigen die doch hundert Prozent einen kompletten Extrakoffer.«

Fiete kam aus dem Staunen nicht mehr heraus.

Er ließ sich nun nicht zweimal bitten und aß mit gesundem Appetit. Und die Italiener freute es sehr, weil sie ihm ansehen konnten, wie gut es ihm schmeckte.

Mittlerweile hatte Lorenzo Fiete auch schon erzählt, dass sie sich bereits in Italien befanden und Fiete beim nächsten größeren Stopp, nämlich in Milano, in den Zug nach Genua umsteigen müsse. Von Genua aus würde er dann mit einer Art Regionalbahn nach Savona weiterbefördert werden.

Nach dem reichlichen Frühstück unterhielten sie sich, so gut es ging, und Fiete bedankte sich noch einmal herzlich für die Einladung.

In Mailand verabschiedete er sich sehr freundlich von der kleinen italienischen Familie und war insgeheim ganz froh, dass sie in München zugestiegen waren und sich zu ihm ins Abteil gesetzt hatten.

Der Bahnsteig war übersät von Gepäckträgern mit ihren Karren. Sie boten sehr nachdrücklich ihre Dienstleistung an. Fiete konnte sie nur mit größter Mühe abschütteln, indem er immer wieder freundlich ablehnte.

Nach einigen sich immer wiederholenden Redewendungen und Gesten hatte Fiete endlich den scheinbar wartenden Zug nach Genua erreicht.

Die nicht allzu lange Fahrt von Mailand nach Genua verlief ohne irgendwelche Probleme.

Fiete erreichte **Savona** am späten Nachmittag und kontrollierte ein weiteres Mal seine schmale Barschaft. Er stellte dabei fest, dass es für eine Taxifahrt in den Hafen zum Schiff wohl noch gerade ausreichen könnte.
44° 18′ 45.72″ Nord / 8° 29′ 27.41″ Ost

Das Taxi, das Fiete sich durch Handzeichen geordert hatte, hielt dann auch schon nach einer verhältnismäßig kurzen Fahrt im Hafen von Savona direkt vor der dort an einer Kaimauer vertäuten »Marie Reith«.

Da lag er nun, Fietes neuer schwimmender Arbeitsplatz. Beinahe so lang wie ein Fußballfeld, knappe 100 Meter über alles, acht normale Drei-Tonnen-Bäume, die aber auch mit einem zusätzlich geschorenen Block fünf Tonnen lüften konnten.

Dann war da noch ein Schwergutspargel mit fünfundzwanzig Tonnen Hebekraft.

Die hoch aufragenden A-Masten über den Windendecks bestimmten das Bild des Hauptdecks.

Weiterhin waren da noch die beiden McGregor-Doppelluken, die in ihrer Mitte an einem Herftstück andockten.

Achtern befand sich ein kompakter Aufbau, der alles in sich beherbergte, was ein Seeschiff ausmachte.

»Na, dann wollen wir doch mal schauen, was hier so Sache ist!«

Mit diesen in seinem Kopf kursierenden Gedanken begann Fiete die Gangway zu erklimmen, seinen Seesack auf der rechten Schulter und in der Linken seine alte, abgeschabte Reisetasche, die schon so allerhand Geschichten parat hätte, könnte sie denn erzählen.

Die Gangway lag achtern auf dem Schanzdeckel, und als Fiete von der Relingstreppe aus das Deck betrat, wurde er von einem untersetzten älteren Herren, vielleicht ein Endfünfziger mit schmutzig grauem Haar sowie einem Kinnbart, in Empfang genommen. Sein hageres Gesicht wirkte irgendwie eingefallen, zudem rauchte er eine scheinbar uralte Stummelpfeife.

»Marie Reith«, hier 1972 im Nordatlantik

»Guten Tag«, murmelte er, und da er eine absolut heisere Stimme hatte, die sich auch später nie veränderte, konnte Fiete ihn am Anfang kaum verstehen.

»Ich bin der Erste Offizier, mein Name ist K... Sie sind sicherlich der neue Decksmann oder?«

»Ja, richtig, ich bin der neue Decksmann«, stellte sich Fiete vor.

»Willkommen an Bord der "Marie Reith".

Haben Sie denn auch noch einen Salonsteward im Schlepptau?«

Fragend wanderten seine Blicke noch einmal an Land, aber da war niemand.

»Wir erwarten nämlich noch einen Salonsteward.«

»Nee«, erwiderte Fiete lang gezogen. »Einen Steward habe ich nicht gesehen oder gesprochen. Ich bin solo.«

»Auch gut, dann lassen Sie uns man ins Büro gehen und den Papierkram erledigen.

Sie sind doch bestimmt gut ausgeruht und topfit, nach der langen Bahnfahrt, da könnten Sie doch ab heute Abend bestimmt die Nachtwache übernehmen, um in dem Zusammenhang gleich das Schiff zu erkunden und richtig kennenzulernen?

Morgen früh laufen wir aus nach Griechenland. Die Ladung für Griechenland sind Zelluloseballen.«

Fiete reichte ihm sein Seefahrtsbuch mit inliegendem Heuerschein, welches der Erste an sich nahm und einsteckte.

»Kommen Sie man mit, dann kann ich Ihnen auch gleich Ihre Kammer zeigen.

Ach, was ich noch sagen wollte, mit Ihnen besteht die Deckscrew nun aus sechs Leuten.

Wir fahren hier keinen Bootsmann, die Arbeit teile ich ein, und Sie sind nun der einzige Deutsche an Deck.«

»*Scheiße, nur Fuzzys. Na, das kann ja heiter werden.*«

Fiete sah den Ersten Steuermann fragend an.

»So«, er klopfte an die Kammertür, keine Regung, danach schloss er auf und machte eine einladende Handbewegung: »Ab jetzt Ihr neues Reich, allerdings nicht ganz: Ihr Kammerkollege ist ein Spanier, sehr verträglicher Zeitgenosse. Sein Vorname ist Garcia.

Übrigens, die anderen Leute der Decksgang sind ein weiterer Spanier, zwei Libyer, ein Algerier und ein Marokkaner. Allerdings alles ganz brauchbare Seeleute. Sie sollten sich davon nicht irritieren lassen und schon gar nicht, sobald Sie morgens die Mannschaftsmesse zum Essen betreten. Dort hört es sich manchmal so an, als wäre man auf einem orientalischen Basar.

Aber daran gewöhnt man sich sehr schnell.«

Fiete blieb in seiner Kammer, blickte zuerst etwas unschlüssig, richtete sich dann aber häuslich ein. So gut es eben ging.

Später ging er, schon mit Arbeitszeug bekleidet, in die Mannschaftsmesse. Dort traf er aber niemanden an. Also warf er zwei Türen weiter auf dem gleichen Deck einen Blick in die Kombüse und stellte sich dem Smutje vor.

Hier achtern auf dem Hauptdeck war in den Aufbauten alles sehr gut angeordnet: nach achteraus an Steuerbordseite gelegen war die Mannschaftsmesse, in der Mitte die Pantry und an Steuerbord die Kombüse. Gegenüber der Kombüse nach Voraus lag die Offiziersmesse, in der Mitte befand sich ein Niedergang, der zu den Mannschaftsquartieren führte, oberhalb davon war ein geschlossenes Schott. Davor lag der Maschinenschacht, und an Steuerbordseite konnte man sich einer gepflegten Reinigung unterziehen: Dort befanden sich die Gemeinschaftsduschen und Waschräume für das Fußvolk.

Fiete ging forschend durch einen der Betriebsgänge, als ihm ein Marokkaner und ein Algerier entgegenkamen.

»Hallo, na, bist du der neue Decksmann?«, sprach ihn der Größere der beiden sofort an.

Dabei funkelten seine dunkelbraunen Augen, während Fiete mit stechendem Blick grob gemustert wurde.

Er streckte Fiete aber sofort seine Rechte entgegen und meinte dann: »Ich bin Sidi und der Kleine hier ist Ahmed, der Gebildete.«

Als er das geäußert hatte, musste er selbst laut lachen.

»So einen brauchst du auf keinem Schiff oder?«

Fiete zuckte ahnungslos mit den Schultern: »Keinen Schimmer, mein Name ist Fiete«, und damit schlug er in Sidis dargebotene Rechte ein und erwiderte den Gruß.

»Komm mit in die Mannschaftsmesse; wir wollten gerade zum Essen gehen, es ist gleich 17:30 Uhr.«

»Ja, okay, ich habe ab 18:00 Uhr sowieso Nachtwache, dann kann ich natürlich vorher gut mit euch eben noch zusammen essen.«

In der Mannschaftsmesse war immer noch kein Betrieb, und so setzte sich Fiete gegenüber den beiden an die Back.

Ahmed war zwar klein und schmächtig, aber vielleicht gerade deshalb ein Schlitzohr, wer weiß. Jedenfalls grinste er immer, und seine olivfarbene Haut glänzte matt. Dabei wieselten seine Augen unstet umher.

»Du, Fiese, hör mal. Ich …!«

Fiete unterbrach Ahmed augenblicklich und sah ihn ernst an: »Ich heiße Fiete, ganz langsam und zum Mitschreiben: FIETE, verstanden?«

Er sah Ahmed mit großen fragenden Augen an: »Dann ist ja alles klar!«

»Also, FIETE, besser?«, und Fiete nickte nun zustimmend: »Wat ick dir aba ersählen wollt, de Cook hier an Bord is Schwuli.«

Sein Deutsch war saumäßig schlecht, aber trotzdem wäre Fiete der Schluck Kaffee, den er im Mund hatte, über die Mitteilung von Ahmed beinahe verloren gegangen.

Ahmed blickte ihn nun Beifall heischend an.

»Na und, das ist doch sein Problem und schon gar nicht meines. Solange er mir nicht an die Wäsche will, ist alles im grünen Bereich.«

Er blickte fragend zu Ahmed hinüber.

»Na ja, wollt ja nu ma ersähle. Aber er weißen Bescheid, ganz genau das hi an Bord is alle tabu für ihn.«

In diesem Augenblick schob sich ein großer, kräftiger junger Kerl von circa 1,80 Meter in die Messe.

Rotblond, mit einem erfrischend offenem Blick, dabei war er vollkommen mit Öl- und Schmierflecken übersät, und die tiefschwarzen Fingernägel zeichneten sich besonders ab.

So stand er in der Tür zur Mannschaftsmesse.

»Hallo, du bist wohl der neue Decksmann«, er streckte Fiete seine schmutzige Hand entgegen, die Fiete grinsend annahm: »Endlich mal wieder ein Deutscher zwischen den ganzen elendigen Kameltreibern hier an Deck.«

Fiete blickte erstaunt und überrascht zu Sidi und Ahmed hinüber, dann wieder zu dem verölten Rotblonden. Er wunderte sich, dass die beiden Nordafrikaner so ruhig blieben und unbeirrt weiteraßen, so als hätten sie nichts gehört.

»Also, ich bin Ludwig, aber alle sagen nur Langer zu mir, darfst du auch. Wie du sicherlich schon mitbekommen hast«, und damit zeigte er auf sich selbst, »ich bin hier im Fettkeller als Reiniger tätig. Und wie heißt du?«

»Mein Name ist Fiete und wie du soeben schon ganz richtig festgestellt hast, bin ich der neue Decksmann hier an Bord.«

»Gut, gut«, irgendwie grinste der Lange etwas blöd und plötzlich begann er lauthals zu lachen: »Jetzt weiß ich, warum du mich eben so merkwürdig angesehen hast! Ahmed hat dir die Story vom Koch erzählt. Hinterlader und so! Oder nicht?«

»Doch, hat er, aber das ist doch wirklich nicht unsere Angelegenheit.«

»*Verfluchte Kiste, warum reiten die, verdammt nochmal, alle auf diesem Thema herum?*«

»Nee, aber ist ja nu mal so«, plötzlich wurde er hektisch. »Okay, ich muss weiter, bis dann, man sieht sich.«

Und schon war der Lange den Niedergang hinunter und verschwunden.

Fiete blickte Sidi und Ahmed an.

»Was war das denn?«

»Das war der Lange«, Sidi grinste genüsslich. »Der ist ganz in Ordnung. Hör mal, wenn du nachher auf Nachtwache gehst und du bist zwischendurch mal auf der Brücke, dann musst du dir mal ein Glas nehmen und die ein- und auslaufenden Fährdampfer ansehen. Die kommen und gehen nach Nordafrika, sind echt starke Fahrzeuge bei.«

Fiete nahm den Tipp gern als Anregung für einen passenden Zeitpunkt, verabschiedete sich von den beiden und ging an Deck und schaute zuerst einmal zur Gangway und nach den Leinen. Aber da das Mittelmeer ja ein Binnenmeer war, sollte hier auch kein starker Tidenhub vorhanden sein.

Alles okay.

Gegen 20:00 Uhr, Fiete hielt sich gerade im Bereich der Gangway auf, stoppte an Land ein Taxi und ein Mann mittleren Alters entstieg ihm. Er hievte einen Koffer aus dem Gepäckraum und stieg die Gangway hoch an Bord. Schwer atmend kam er mit seinem Koffer vor Fiete zum Stehen und blickte ihn erwartungsvoll an.

»Na, mein Freund, was kann ich für dich tun?«

»'n Abend, ich bin Atze, der neue Steward!«

Fiete betrachtete ihn etwas genauer: Atze war nur circa 1,60 Meter groß, von schmächtiger Statur und leichenblass. Sein Haupthaar schimmerte rötlich im Licht der Decksbeleuchtung und ähnelte mehr einer umfunktionierten Rosshaarsocke.

Instinktiv, und ohne lange zu überlegen, schoss es spontan aus Fiete heraus: »Wenn du hier was werden willst, musst du deinen Mopp aber schon mal abnehmen!«

Ohne mit der Wimper zu zucken, führte er seine freie Hand zum Kopf und ehe sich Fiete versah, verschwand der Mottenfiffi in Atzes Manteltasche. Dafür spiegelte sich nun das fahle Licht der Decksbeleuchtung auf einer schneeweißen Glatze.

Fiete war absolut sprachlos, stand mit vor Staunen halb offenem Mund vor dem Steward und sah ihn nur noch blöd an.

Mit allem hatte er gerechnet, nur damit nicht.

»Menschenskinder, nun guck doch nicht so meschugge oder hast du noch nie jemanden mit einem Toupet gesehen?

Einmal ist immer das erste Mal, das weißt du ja.«

Fiete schüttelte nur noch total verdattert seinen Kopf.

»Komm, ich bring dich zum Ersten Offizier, dann kannst du mit ihm gleich deinen Papierkram erledigen.«

Mehr kam in diesem Moment nicht über seine Lippen.

Mittelmeerfahrt

Nach einer ruhigen Nacht lief die »Marie« am nächsten Morgen aus, neuer Löschhafen: Volos in Griechenland.

Bei ganz normalem Wetter und einer durchschnittlichen Reisegeschwindigkeit von 14 Knoten würde die Reise so round about dreieinhalb Tage dauern.

Fiete war für die 04/08-Wache eingeteilt.

Da auf der »Marie« kein Bootsmann gefahren wurde, teilte der Erste jeden Morgen die zu erledigende Arbeit ein.

Und davon gab es auf der »Marie« reichlich.

Manuel, Fiete und Sidi waren auf Luke eins damit beschäftigt, den Oberflächenrost zu beseitigen, als Fiete das Herftstück ins Auge fiel. Beim genaueren Hinsehen beschlichen ihn doch arge Bedenken.

»Sag mal, Sidi, was ist denn mit dem Herftstück passiert? Das sieht ja wirklich schlecht aus.«

»Ja, ich weiß, da ist vor einiger Zeit ein Spargel von der Vorkante runtergekommen, und seit dem hat das Herftstück diese heftige Beschädigung. Sieht nicht gut aus oder?«

»Kommt denn nicht mal die Werft an Bord, um den Schaden zu reparieren?«

»Nee, der Alte und Herr K... sagen, wir müssen sparen, die Reederei ist etwas klamm. Also nehmen wir Zement, machen eine gute Mischung und damit ist die Kiste geritzt und die Delle versiegelt. Bis zum nächsten Hafen ist dann hoffentlich alles gut.

Allerdings habe ich dabei immer ein sehr mulmiges Gefühl. Was wird wohl passieren, sobald wir mal richtig einen auf den Sack kriegen oder aber ein Kaventsmann gibt sich die Ehre, uns zu überrollen?«

»Na, na«, versuchte Fiete ihn nun etwas zu beruhigen, »sieh man nicht ganz so schwarz.«

Aber im Stillen war auch Fiete gar nicht so zuversichtlich.

»*Das sieht ja wirklich schlecht aus und irgendwie hat Sidi recht. Ich glaube, ich schnack auf Wache heute Abend mal mit dem Ersten.*«

Fiete war gedanklich noch mit dem Herftstück beschäftigt, während die »Marie« die Straße von Sizilien, Kurs Südosten, durchfuhr.

Sie hatten mit dem Wetter einigermaßen Glück, leichte achterliche See, bei drei bis vier Beaufort. Das konnte hier im Mittelmeer um diese Jahreszeit auch ganz anders aussehen.

Dabei war ein bedeckter Himmel noch das kleinere Übel.

Nach dem Ausscheiden und Abendessen begab sich Fiete auf die Brücke, um seinen Wachtörn anzutreten.

Mit einem freundlichen »Guten Abend« begrüßte er Herrn K…, seinen Wachoffizier, den er im Ruderhaus antraf. Zielgerichtet ging Fiete auf den Platz am Ruder zu, aber der Erste winkte ganz relaxt ab und so verließ Fiete umgehend wieder den Ruderstand.

»Immer ruhig Blut, wir laufen auf Automatik, du musst also nicht ans Ruder.

Na, wie sieht es aus? Schon etwas eingelebt?«

»Das kann ich noch nicht so wirklich sagen, nach einem Tag ist ja noch vieles neu. Aber ich komme ganz gut mit den Kollegen klar und die Arbeit geht mir auch locker von der Hand. Insofern habe ich keinen Grund, mich zu beklagen, alles geht seinen Gang.

Aber ich hätte da eine Frage: Vorn, in der Mitte der Doppelluke, das Herftstück ist ja ziemlich inne Grütze. Kommt da irgendwann mal die Werft an Bord und repariert den Schaden?«

Der Erste blickte Fiete skeptisch fragend an: »Wissen Sie, junger Mann«, nun benutzte er auf einmal wieder das förmliche Sie und formulierte vorsichtig die nächsten Sätze: »Tja, das war seinerzeit ein ganz dummes Zusammentreffen mehrerer merkwürdiger Zufälle. Der Baum konnte schon ausgetauscht werden, aber zur Reparatur des Herftstücks hatten wir bislang nie ein wirkliches Zeitfenster. Termine, Time Charter, Zeitdruck, na, Sie wissen ja selbst, ein Schiff verdient nur Geld, wenn es fährt.«

Welch eine lapidare Ausrede.

»Aber wäre es nicht im Sinne der Schiffssicherheit vonnöten, dass das Herftstück so schnell wie möglich repariert wird?«

Brüsk wandte sich der Erste einem Brückenfenster zu, nahm sein Fernglas und blickte suchend über die See. Es dauerte einige Zeit, bis er sich endlich zu einer abschließenden Antwort bequemte.

»Glauben Sie mir, junger Mann, wir haben alles im Griff!«, kleine Pause.

»Es ist bereits alles in die Wege geleitet, um den Schaden so schnell wie möglich zu reparieren, und bis zu dem Zeitpunkt müssen wir uns leider mit dem Zement behelfen. Nützt ja nichts.«

Entladen der Zelluloseballen auf Eselskarren in Volos

Damit war für ihn dieses Thema abgehakt.

Fiete nahm sich, vorerst schweigend, ebenfalls ein Glas und suchte dann den Horizont nach irgendwelchen eventuellen Entgegenkommern ab.

Die Wache verlief eintönig und ohne irgendwelche besonderen Vorkommnisse. Eine halbe Stunde vor Wachende meldete Fiete sich beim Ersten ab und begab sich nach unten, um die 08/12 Wache zu wecken.

Beim Betreten des Betriebsganges hörte er schon Musik und starkes Stimmengewirr und dieser Geräuschkulisse folgte er und blieb vor der Kammer des Langen stehen.

Bordparty.

Die Ablösung ging auf Wache, Fiete besuchte die Party und es folgten einige fröhliche Stunden mit vielen Beiträgen der anwesenden Jungs. Storys, echte oder Seemannsgarn, das zu beurteilen blieb jedem Seemann selbst überlassen, aber der Alkohol machte manchmal kleine, unwichtige Angelegenheiten zu großen, heroischen Taten.

Nach einigen Tagen und Umfahren von unendlich vielen kleinen Inseln gelangte die »Marie« in den Pagasitischen Golf, in dessen Norden **Volos, 39° 21′ 41.91″ Nord / 22° 56′ 24.99″ Ost**, der Löschhafen, lag.

Nach dem Löschklar-Machen und dem Stellen des Geschirrs begannen die griechischen Hafenarbeiter unverzüglich mit dem Entladen der Zelluloseballen. Hierfür standen an Land auch genügend Eselskarren bereit.

Die Ballen wurden auf den Karren abgesetzt und in eine nahegelegene Fabrik geschafft.

Trotz allem verliefen die Löscharbeiten recht flott, und am frühen Abend des zweiten Tages konnte die »Marie« Volos schon wieder verlassen. Nun als Ballastschiff.

Der nächste Ladehafen im Mittelmeer hieß Sousse und lag in Tunesien, einer Hafenstadt direkt am Mittelmeer und zugleich die drittgrößte Stadt des Landes.

Der Hafen erstreckte sich am Ostrand der Medina. Er bestand bereits seit 1899.

Direkt in Sousse lag auch noch eine uralte Festung, die Kasbah, deren Baubeginn schon im Jahre 844 war.

Jetzt, so meinte Sidi, sei dort das Rotlichtviertel einquartiert. Die Damen des horizontalen Gewerbes waren nun anscheinend die alleinigen Herrscherinnen in der Kasbah.

Auf alle Fälle sollten wir der Kasbah mal einen Besuch abstatten, meinte Sidi mit einem Augenzwinkern.

Was immer er Fiete damit sagen wollte.

Die Reise von Volos nach Sousse war beinahe ein Katzensprung, nur knapp drei Tage.

Erst durchs Ägäische Meer nach Süden und danach sofort wieder westwärts.

Die Zeit verging wie im Fluge: Wache gehen, an Deck seemännische Arbeiten ausführen, malen wie immer. Und ehe sie sich versahen, waren sie bereits wieder fest und lagen zum Laden an der Pier in **Sousse**.
35° 49′ 35.32″ Nord / 10° 38′ 30.64″ Ost

Auf der Reise waren auch die Laderäume peinlichst genau gereinigt worden, denn in Sousse wurde Salz-Bulkladung für Bodö in Norwegen geladen.

Und abends ging es an Land!

Sidi und Ahmed kannten sich hier bestens aus und meinten, wir müssten unbedingt in die Kasbah. Dort würden schon die leichten, hier etwas kräftigeren Mädels auf sie warten.

Fiete blickte den Langen und den österreichischen Ing.-Assi Karl, von dem er bisher nur gehört hatte, fies grinsend an: »Ich mein, ich bin ja noch nicht so wirklich auf Entzug, aber vielleicht solltet ihr beide ja mal wieder auf einen Entsafter?«

»Na, erst mal schauen, was da für Hühner rumlaufen. Mit einer dieser feisten Matronen steige ich sowieso nicht in die Koje!«

Karl schüttelte sich ein wenig, man konnte ihm seine Abscheu vor kräftigen Frauen nicht verdenken, war er doch nur knapp 1,60 Meter groß und sehr schmächtig.

Als sie dann alle fünf durch die Gassen der Kasbah spazierten, sahen sie in sehr vielen hell erleuchteten Schaufenstern Liebesdienerinnen posieren, die sich und ihre Dienste anboten.

Es blieb natürlich nicht aus, dass einige überaus deftige Zoten gerissen wurden. Dementsprechend schlagfertig konterten die Damen natürlich ihrerseits.

Und immer wieder wieselten junge Bengel um die Beine der fünf herum mit der Absicht, jemand für ihre sogenannten Schwestern zu kobern, obwohl die Angebote doch sehr primitiv mit den altbekannten Sprüchen vorgetragen wurden.

»Du Deutsch? Come on, very nice girl, very clean, never use before!"

So oder ähnlich lauteten immer wieder die Slogans der Jungs, die die Seeleute locken wollten, aber auf diesen Schmus fiel natürlich niemand mehr herein.

Fiete war auch nicht allzu stark daran interessiert, mit einer der kräftigen jungen Damen in die Koje zu steigen.

Alkohol wurde in den Kneipen auch nicht ausgeschenkt, also war der Abend an Land nicht so wirklich ein Highlight und letztendlich nur eine Besichtigung der Festung sowie ihrer Bewohnerinnen und Bewohner.

Früh kehrten sie an Bord der »Marie« zurück.

Fiete, Ing.-Assi Karl, Ahmed und Sidi und der Lange begaben sich an Bord geradewegs in die Kammer des Langen.

»So, Leute, nun lasst uns man noch einen Drink nehmen auf den fruchtlosen Landgang!«

Der Lange blickte fragend in die Runde: »Bier?«, alle Anwesenden nickten sofort zustimmend.

Der Lange verteilte die Biere, es wurde angestoßen. Das erste Bier rann durch die Kehlen, als würde es verdampfen, und die Stimmung verbesserte sich schlagartig.

»Menschenskinder, was waren das denn für Hühner? Da waren ja welche bei, die greifst du noch nicht einmal mit der Grippzange an!«

Karl blickte fragend in die Runde.

»Da muss man ja Angst haben, sobald die die Röcke lüften, dass da ein Schwarm dicker, fetter, schwarzer Fliegen entweicht. Mit denen kannst du doch nicht poppen gehen!«

»Na, na«, versuchte Sidi ihn nun zu beruhigen, »wenn du mit einer von ihnen in die Koje steigst, dann hast du wenigstens ordentlich was, an dem du dich richtig festhalten kannst. Das sind ja nicht so dürre Luder, wo du gleich Angst haben musst, sie könnten vielleicht zerbrechen.«

»Ich weiß nicht«, Karl immer noch skeptisch. »Meinst du nicht, dass man sich bei denen schnell mal einen Tripper einfangen kann, wenn man ohne Gummi bumst?«

»Da bin ich überfragt, aber etwas Vorsicht ist ja immer gut. Und ohne Gummi sollst du ja auch nicht mit den Damen in die Koje steigen, das ist ja wohl allgemein bekannt.«

»Menschenskinder, wenn man aber so spitz ist und lange Zeit nichts gehabt hat, dann kann das schon mal passieren, und man vergisst im Eifer des Gefechts einfach den Präser!«

»Na ja, meistens achten die Damen ja selbst darauf.

Um noch mal auf ihre Sauberkeit zurückzukommen: Auch wenn manche etwas schlampig aussehen, bei den Klamotten, die die tragen, kann man ja vorher leider nie erahnen, wie es darunter aussieht.«

»Ist ja gut, Leute«, meldete sich nun der Lange zu Wort. »Das heißt also, heute wieder Gruppensex mit Frau Faust und ihren fünf Töchtern?«

Vorwurfsvolle Blicke trafen ihn nach diesem Spruch.

»Was ist denn jetzt; sind wir hier im Kloster?

Ich weiß ganz genau, dass sich einige von euch nachher einen streichen. Ist mir auch egal, meinetwegen könnt ihr euch einen runterholen, bis ihr Blasen an den Händen habt.«

»Nun ist aber mal gut, Langer. Hat eben heute Abend nicht sollen sein. Jetzt aber mal etwas anderes: Wer von euch war denn schon mal in Bodö, dort oben in Nordnorwegen?«

Alle blickten sich fragend an, um dann verneinend die Köpfe zu schütteln. Augenscheinlich hatte bisher niemand dort oben im hohen Norden festgemacht.

»Mit Chance können wir da oben ja einige Norwegerinnen aufreißen.«

Fiete sah sich Beifall heischend in der Runde um.

»Nee, glaub ich nicht«, ließ sich Sidi nun wieder vernehmen. »So wie ich gehört habe, löschen die dort recht zügig. Sollten wir morgens einlaufen, sind wir abends schon wieder auf See. Für die paar tausend Tonnen, die wir haben, benötigen die Hafenarbeiter hochgerechnet nur einen knappen Tag.«

»Dann passiert in Sachen Landgang in Bodö ja auch mal wieder nicht so wirklich etwas. Außerdem kommt noch hinzu, laut Flurfunk, dass an der Hauptmaschine besonders wichtige Reparaturen ausgeführt werden müssen, die aber nur bei abgeschalteter, einigermaßen kalter Maschine erledigt werden können.«

»Tja, Karl, dann wirst du wohl den Fettkeller erst einmal so schnell nicht wieder verlassen können.«

Ein etwas schadenfrohes Lächeln umspielte Fietes Lippen, worauf Karl nicht reagierte.

Nach einigen weiteren Bieren löste sich die kleine Runde auch auf, es war spät geworden, und alle begaben sich in ihre Kammern zur Ruhe.

Als Fiete am nächsten Morgen an Deck erschien, waren die Ladungsarbeiten schon im vollen Gange. Die Luken waren ja schon am Vorabend geöffnet worden, insofern war das auch kein Problem.

Am frühen Nachmittag war der Ladevorgang beendet. Die »Marie« wurde noch an der Pier in Sousse seeklar gemacht, weil es in Sousse kein Revier gab und der Seewetterbericht für diesen Teil des Mittelmeeres nicht so positiv ausgefallen war. Es wehte eine steife Brise aus Nordwest mit fünf bis sechs Beaufort. Das sollte heißen, nach dem Auslaufen erst einmal die See schräg von vorn.

Die Salzreise von Sousse nach Bodö sollte voraussichtlich zehn Tage andauern.

Mit knapp 3.000 Tonnen Salz im Bauch sollte die »Marie« gut und gern 14 Knoten Reisegeschwindigkeit machen.

Am frühen Abend verließ die »Marie« dann Sousse, Kurs Nord, in Richtung auf Kap Bon, um dann durch die Straße von Sizilien in die westliche Hälfte des Mittelmeeres zu gelangen.

Das Wetter im Mittelmeer war nicht sehr angenehm, und so wurden die Wachen gegangen sowie die notwendigsten Arbeiten erledigt, ohne zuzutörnen.

Nach dem Passieren von Gibraltar wurde das Wetter etwas besser, der Wind hatte sich etwas gelegt, aber der Himmel war Tag für Tag wolkenverhangen.

Die Seetage verliefen nun einer wie der andere ohne irgendwelche besonderen Vorkommnisse, und die Arbeiten an Deck, soweit das Wetter es gestattete, füllten die Tage.

Zügig ging es durch die Biskaya und in den englischen Kanal hinein, dann in die Nordsee, immer weiter Kurs Nordosten.

In der Nordsee wurde dann das Wetter zusehends schlechter, sodass die wenigen Arbeiten an Deck fürs Erste wieder eingestellt werden mussten. Wieder keine Überstunden.

Einige Zeit später war die Nordsee überstanden, und die Wachgänger steuerten die »Marie« durch die Schären nach **Bodö**.

67° 17′ 26.31" Nord / 14° 23′ 52.31" Ost

Nach dem Öffnen der Ladeluken stellte der Stauervize im Beisein des Vertreters der Agentur fest, dass die Salzoberfläche sehr stark versintert war.

Das Salz hatte während der Reise reichlich Feuchtigkeit aus der Luft aufgenommen, und durch die Schiffsbewegungen, das Stampfen und Vibrieren, hatte sich das Salz zusätzlich verdichtet und eine dicke Kruste gebildet. Keiner wusste, wie stark diese Kruste war. Auf jeden Fall war sie hart wie Beton.

Aber, so sagten die beiden übereinstimmend, damit kenne man sich gut aus, und mit kleinen, wohldosierten Sprengladungen werde man die Salzladung etwas auflockern. Danach wären die Löscharbeiten überhaupt kein Problem mehr.

Spezialisten der Stauerei begaben sich nun mit ihrem Gerät in die Luken und bohrten Löcher, die sie mit sehr ausgewogenem Sprengmaterial füllten.

Nach und nach wurde dann gezündet, von den Explosionen bemerkte man kaum etwas. Nur wenn man in die Luke blickte, sah man Bewegung im Salz und es letztendlich aufbrechen.

Danach wurde die Salzladung mit überdimensionalen Greifern gelöscht, was verhältnismäßig flott vonstattenging, so wie es Sidi bereits in Sousse angesprochen hatte.

Am späten Nachmittag waren die Luken leer. Danach kamen einige Leute der Stauerei mit Spezialgerät an Bord.

Sie gingen mit dem Ersten und dem Kapitän in die Luken und überprüften die Bordwände, ob diese von den Sprengungen Schaden genommen hätten. Aber dem war nicht so.

Alles war in Ordnung und dicht, keine Schweißnaht gerissen.

Es hatte ein sehr starker Regen eingesetzt und der kalte Nordwind trieb ihn über das Schiff.

Manuel, Garcia, Ahmed, Sabri, Sidi und Fiete hatten sich starke Sonnenbrenner in die geschlossenen Luken gehängt und reinigten nun die Laderäume von den Rückständen der Salzladung.

»Na, Leute, was läuft denn heute Abend? Gehen wir on shore?«

Fiete blickte sich beiläufig fragend um.

»Nee, nee«, Manuel sah ihn an wie einen Fremden, »bei dem Sauwetter geht doch keiner an Land, außerdem müssen die Ölaugen mindestens bis 22:00 Uhr marakken. Wenn sie die Sache nicht hinkriegen, ist es Essig mit morgen auslaufen, vielleicht arbeiten die auch noch länger.

Fiete, lass es doch einfach, hier in dem Kaff ist nichts zu holen.

Das Einzige, was man da noch machen könnte, wäre, später in irgendein Café zu gehen, aber den Schnaps, mein Freund, den musst du da schon selbst mitbringen.

Nee, lass man stecken, da können wir uns lieber nach Ausscheiden in die Mannschaftsmesse setzen und es uns hier an Bord gemütlich machen. Den Tangodiesel auf volle Lotte und ab geht die Post.«

Fiete reagierte merkwürdigerweise überhaupt nicht auf Manuels Einwände und Anregungen. Er blickte nun schon zum wiederholten Male zu Ahmed hinüber, der stoisch vor sich hinarbeitete, obwohl er normalerweise immer lustig und voll von guter Laune war und sein Mund dabei selten stillstand.

»He, Ahmed, was ist los mit dir? Bist du krank? Geht es dir nicht gut?«

Fiete war ein wenig in Sorge, und das drückten seine Worte auch aus.

»Lass ihn man in Frieden!«, antwortete Sidi für ihn. »Er hat heute eine sehr schlechte Nachricht von zu Haus erhalten, sein Großonkel, der auch sein Lieblingsonkel ist, hat bei einem schweren Verkehrsunfall in Annaba sein Leben verloren.

Also lassen wir ihn seine Trauer und ihn seine Arbeit machen.«

»Tja, konnte keiner ahnen.«

Und Ahmed zugewandt: »Nichts für ungut, Ahmed.«

Er wandte sich wieder seinen anderen Kollegen zu: »Nun noch mal etwas anderes: Weiß von euch eigentlich jemand, welche Ladung wir als Nächstes aufnehmen?«

Seinen Worten folgte nur ein lustloses, stummes Kopfschütteln seiner Kollegen.

»Okay, dann muss ich wohl den Ersten interviewen, sobald ich wieder auf Wache bin.«

»Das mach man«, erwiderte Garcia. »Und dann hör endlich auf zu sabbeln. Irgendwann wollen wir mit dem Malochen hier auch mal fertig werden.«

Dann war eine ganze Weile nichts mehr zu hören außer dem Schaben der Besen auf den Bugdielen, die die Salzreste zusammenkehrten.

Nachdem sie dann die beiden Doppelluken gründlich gefegt und die Reste an Deck gehievt hatten, war endlich Ausscheiden.

Als sie alle eine heiße Dusche genossen und ein nahrhaftes Abendessen hinter sich gebracht hatten, saßen sie noch lange in der Mannschaftsmesse beisammen. Über die Zoten, die jedermann versuchte zum Besten zu geben, wurde noch bis in die Nacht hinein herzhaft gelacht. Dabei sprachen sie dem Bier ordentlich zu.

Das Wetter hatte sich nicht verändert, der kalte Nordwind trieb noch immer starke Regenschauer über die »Marie« und den Hafen.

Am darauffolgenden Morgen sofort nach dem Frühstück war klar vorn und achtern. Die »Marie Reith« lief wieder einmal aus.

Da hatte die Maschinencrew wohl doch in der vergangenen Nacht einen exzellenten Job gemacht.

Das Schiff war ja bereits seeklar, daher hatte die Decksbesatzung auch etwas den Rücken frei und konnte relaxt die Leinen loswerfen.

Das Schiff vibrierte einmal kurz in all seinen Verbänden, und dann nahmen die Umdrehungen zu, die Maschine arbeitete mit voller Kraft.

Nun war auch bekannt, wohin die erneute Ballastreise gehen sollte: nach Frankreich, Boulogne, von der Nordsee kommend im englischen Kanal kurz hinter Calais gelegen.

In Boulogne sollte Eisenerz geladen werden für Sydney, Cape Breton, Nova Scotia, Kanada.

Was wird das wohl für eine Reise!

Die kurze Fahrt von Bodö nach Boulogne durch die Nordsee hatte die »Marie« schnell hinter sich gebracht, obwohl das Wetter immer noch nur »durchwachsen« war.

50° 43′ 32.41" Nord / 01° 35′ 26.98" Ost

In **Boulogne** konnte die »Marie« ohne größere Umstände sofort an dem für sie bestimmten Liegeplatz festmachen, und es wurde unverzüglich mit der Beladung begonnen.

Riesige Greifer ließen Erzladung für Erzladung in den Laderäumen der »Marie« verschwinden. Aber sie füllten nicht einmal die Unterräume aus. Es waren lediglich verhältnismäßig kleine Hügel, die in den Ladeluken angehäuft wurden.

Sidi, Manuel, Garcia und Fiete standen zur Smoke Time an Deck und blickten nach außenbords. Dabei staunten sie nicht schlecht, in welchem Tempo die »Marie« eintauchte und sich mit jeder Greiferladung Erz, die geladen wurde, sehr zügig der Lademarke näherte.

»Mannomann, das Eisenerz muss ja ein unwahrscheinlich hohes Gewicht haben, denn in den Luken ist noch nicht so richtig was zu erkennen, und wenn man nach außenbords blickt, sind wir schon so gut wie abgeladen!«

»Der Erste hat gesagt, das, was wir hier laden, nennt sich schwarzer Hämatit. Es soll das schwerste und reinste Eisenerz sein, welches es überhaupt gibt. Hämatit enthält wohl zu 70 Prozent Eisen.

Aber fragt mich nicht, ich habe davon absolut keine Ahnung.«

Bevor ihre Gespräche noch weiter in die Tiefe gingen, hielt ein Lastkraftwagen auf der Kaianlage vor dem Schiff. Irgendjemand der Besatzungsmitglieder hatte ihn auch sofort entdeckt, er war selbstverständlich nicht zu übersehen.

»Hallo, Leute, seht mal den Truck, der Schiffshändler ist da. Endlich frisches Futter. Das wird aber auch Zeit!«

Just in diesem Moment gesellte sich der Erste zu ihnen.

»Moin, Moin, seht mal zu, dass ihr eure Smoke Time beendet, damit wir augenblicklich und ohne längere Kunstpausen den Proviant übernehmen können.

Let's go!«

Der LKW brachte aber nicht nur Proviant, sondern auch die verschiedensten Öle für die Maschine, zehn 200-Liter-Fässer. Die wurden auch als Erstes übernommen und Achterkante Steuerbordseite auf dem Hauptdeck abgesetzt, weil sich genau dort die Einfüllstutzen zu den Tanks befanden.

Die Crew hatte nach Auslaufen nur einen knappen Tag zur Verfügung, um das Öl umzupumpen, denn in der zweiten Hälfte des englischen Kanals würde die See bestimmt schon wieder unruhiger werden, und ab Land's End sollte es sich noch weiter verschlechtern, vermeldete der neueste Seewetterbericht.

Die Wettervorhersage war alles andere als rosig.

»Fiete, du nimmst dir Sabri und Garcia, dann beginnt ihr bei Luke eins mit dem Seeklarmachen. Und achtet mir ja auf das Herftstück. Verschließt mir die Bruchstelle äußerst gewissenhaft mit Zement, damit wir dort keine Leckage bekommen.«

Genau in diesem Augenblick kamen der Reiniger Ylmas, der Lange und Karl aufs Hauptdeck und näherten sich den Fässern.

Und Fiete wunderte überhaupt nichts mehr.

Sie trugen eine Handpumpe mit einem langen Saugrohr und einem ordentlichen Pumpenschwengel.

»Kein Wunder, dass der Erste und der Chief sagten, wir sollen uns alle beeilen.

Mit diesem vorsintflutlichen Teil pumpen die ja Stunden an einem 200-Liter-Fass.
Das kann ja noch was werden.
Mir egal, wir machen jetzt seeklar.«

Die Ladearbeiten waren soeben in beiden Luken abgeschlossen worden. Garcia hatte Strom an Deck bestellt, Fiete stand an den Kontrollern bereit das Herftstück aus der Gangbord aufzunehmen und in der Mitte von Doppelluke eins in den Halterungen seiner angestammten Position einzusetzen.

Nachdem die McGregor-Deckel geschlossen, die Bäume runtergelegt und die Lukendeckel abgesetzt sowie mit den Schnellverschlüssen gesichert waren, begaben sich die drei unverzüglich zum Herftstück der Luke eins.

»Das mit dem Herftstück hier ist schon eine Scheißnummer«, meinte Fiete sinnierend und klemmte sich eine Filterlose zwischen seine Lippen. »Wenn dieses vertrackte Herftstück nicht bald von der Werft repariert wird, bekomme ich noch 'ne Krise.

Sabri, geh doch mal ins Kabelgatt und hole einen Sack Zement, damit die ganze Kacke auch hält und später dicht ist.«

Garcia hatte schon eine Schlagpütz mit Außenbordwasser stehen, während Fiete und Sabri die benötigten Utensilien zur Lukenmitte brachten.

Nun begann Fiete akribisch den Freiraum zwischen Lukendeckel und Herftstück mit Twist und Putzlappen vollzustopfen, damit die Delle schon mal richtig geschlossen war. Danach nahm er die Pütz mit der von Garcia angerührten Zementmischung und schüttete alles in die noch verbliebene Öffnung. Da die Zementmischung ziemlich flüssig war, konnte Fiete sie gut mit einem Spachtel verteilen.

»Na, Garcia, ein, zwei Pützen Mischung benötigen wir wohl noch, um das Loch hier richtig dicht zu bekommen.«

Garcia mischte noch zwei Pützen mit dem Zement an, die dann Fiete und Sabri auf dem Herftstück sowie dem Übergang zum Lukendeckel verteilten, bis sie am Ende eine glatte, alles überdeckende Fläche erhalten hatten.

Zufrieden blickten die drei auf ihr Werk.

»So, das sollte wohl dicht sein und wenn es vernünftig abbindet, auch bis Kanada halten!«

Sie räumten ihren Arbeitsplatz auf und begaben sich dann zu den anderen nach Luke zwei.

Dort angekommen staunte Fiete nicht schlecht und wandte sich sogleich an Manuel.

»Siehst du, wie die Ölfüße arbeiten? Die haben die Fässer in zehn Jahren noch nicht abgepumpt.«

Dann wendete er sich Ludwig, dem langen Reiniger, zu: »He, Langer, wie viel Fässer habt ihr denn schon leer?«

»Hör bloß auf, das ist doch das Letzte. Wir pumpen wie die Bekloppten und sind erst beim dritten Fass.«

»Da habt ihr ja einen faszinierenden Job und werdet sicherlich eine Nachtschicht einlegen müssen.

Viel Spaß noch!«

Plötzlich tippte jemand Fiete von hinten auf die Schulter. Es war der Erste mit seiner ewig heiseren Stimme. Er raunzte ihn an: »Fiete, mach mir hier nicht die Leute heiß, sondern lass sie ihren Job erledigen, okay?«

Eine Antwort hatte er wohl sowieso nicht erwartet, also fuhr er fort: »So, Leute, klar vorn und achtern, auf die Stationen, aber zügig, wir müssen los!«

So war das, nicht mehr und nicht weniger, er drehte sich um und erklomm den Niedergang zur Brückennock.

Alle Leute der Deckscrew hatten dann auch sehr schnell ihre Stationen besetzt. Als die Order für Leinen los kam, waren sie bereit. Ein Schlepper zog die »Marie Reith« langsam in Richtung Fahrwasser, von wo aus sie dann selbstständig und aus eigener Kraft die neue Reise beginnen konnte.

Zum Ausscheiden war auch die Luke zwei seeklar, das Deck gewaschen, der Erzstaub außenbords gespült.

Die Maschinenleute hatten inzwischen die Pumparbeiten an den Ölfässern eingestellt, und die Deckscrew hatte sie in der Nähe der Einfüllstutzen seefest gelascht.

»So«, Fiete blickte Sidi, Garcia, Sabri und Manuel an, »jetzt schön duschen, essen, dann noch einen Augenblick auf Wache und alles ist geritzt!«

»Ja, das glaubst du vielleicht in deinem Kinderglauben.« Sidi blickte Fiete mit großer Verschwörermiene an.

»Geh mal zur Mannschaftsmesse und sieh dir den netten Spruch an, der auf dem Schwarzen Brett steht. Du wirst staunen, und dein netter Abend vergeht dir, 100 Prozent.«

Fiete war über Sidis Mitteilung bass erstaunt und natürlich äußerst neugierig. Augenblicklich bewegte er sich zur Mannschaftsmesse, um das Schwarze Brett in Augenschein zu nehmen. Und dann sah er den Text in fetten Lettern auf Augenhöhe vor sich:

> Bitte ab sofort keine Benutzung der Duschen,
> aus betriebsinternen Gründen ist es uns nicht
> gelungen, Frischwasser zu bunkern.
> gez. Der Kapitän, M…

In seiner ersten Wut des Nicht-verstehen-Wollens sah sich Fiete um, und sein Blick fiel in die offene Kombüse.

»He, Koch, hast du das hier auf die Tafel geschmiert, um uns eins auszuwischen?«

Der Koch und Atze standen beide in der Kombüse und grinsten fies übers ganze Gesicht.

»Nein«, gab er nach einer kleinen Ewigkeit von sich, »so etwas würde mir noch nicht einmal in meinen finstersten Träumen einfallen.«

»Na«, schaute Fiete giftig, »was dir in deinen Träumen einfällt, das, so glaube ich, wissen wir doch alle nur zu gut.«

»Fiete, mein Jung, ganz vorsichtig«, fuhr nun der Koch todernst fort, »du bewegst dich auf ganz dünnem Eis.

Und damit du genau Bescheid weißt, der Alte persönlich hat den Text hier angemalt!«

»Scheiße, verdammte«, waren Fietes letzte Worte, mit denen auf den Lippen verschwand er im Gemeinschaftsduschraum, um sich wenigstens zu waschen.

Kurze Zeit später erschien er dann wieder sauber gewaschen in der Mannschaftsmesse.

Nach dem Abendessen begab er sich unverzüglich auf die Brücke, um seinen Wachtörn anzutreten.

Mit einem freundlichen, aber heiseren »Guten Abend« begrüßte der Erste seinen Wachgänger auf der Brücke.

Fiete wollte mal ein klein wenig diplomatisch sein und nicht gleich mit der Tür ins Haus fallen, aber diese Dusch-Wasser-Frage brannte ihm wie Feuer unter den Nägeln.

»Also, Herr K..., ich hätte da mal eine Frage an Sie. Wie kommt es, dass der Herr Kapitän sich auf dem Schwarzen Brett mit dieser ›Kein Wasser verbrauchen‹-Mitteilung verewigt hat?«

»Tja, Fiete, das Bunkerunternehmen in Boulogne hatte ein riesiges Problem und konnte uns kein Trinkwasser liefern. Monopolist, es gibt keinen anderen im Hafen.

So müssen wir nun die nächsten neun oder zehn Tage etwas mit dem Wasser haushalten. Das wird schon werden, keine Bange.«

»Mannomann, er ist heute Abend aber auch wieder leutselig, ist ja kaum zum Aushalten.«

»Also«, begann Fiete nun aufs Neue, »über diese Brücke gehe ich nicht, aber nun ist ja an der Situation nichts mehr zu ändern, und wir müssen wohl oder übel damit leben.«

»Fiete«, begann nun wieder der Erste, geduldig und Fietes Aufmüpfigkeit geflissentlich überhörend, geschickt das Thema wechselnd, »du bist ja nun schon ein paar Tage an Bord und natürlich habe ich dich etwas beobachtet.«

»Achtung, was kommt jetzt. Will mal lieber den Ball etwas flach halten.«

»Du bewegst dich ja recht ordentlich in der Bordgemeinschaft, und deine seemännischen Fähigkeiten können sich auch sehen lassen.«

Fietes Gedanken überschlugen sich: *»Vorsicht! Irgendwas ist hier doch im Busch! Erst mal abwarten.«*

»Weißt du«, fuhr der Erste nun in seiner im Moment nonchalanten Art fort, »der Kapitän und ich hatten eine kleine Unterredung deine Person betreffend.

Und da sind wir zu der Übereinstimmung gelangt, du könntest, da wir keinen Bootsmann fahren und unbedingt jemanden benötigen, der die täglichen Geschicke an Deck in die Hand nimmt, hier von morgen an als Schlüsselmatrose fungieren!

Du würdest selbstverständlich auf 04/08-Wache bleiben und wir würden morgens die zu erledigenden Arbeiten besprechen. Die volle Anzahl der Überstunden mit oder ohne Zutörnen würden wir dir garantieren. Außerdem würde der Kapitän mit der Reederei in Hamburg sprechen, um dich umzumustern zum Matrosen ohne Brief.

Was hältst du davon?«

Fiete blickte ungläubig zum Ersten hinüber in die Dunkelheit hinein, versuchte ihn trotzdem zu erkennen, seinen Gesichtsausdruck, aber die Undurchsichtigkeit der Dunkelheit verwehrte es ihm.

»Das kommt ja nun wirklich etwas plötzlich für mich. Gern würde ich über das soeben Gehörte eine Nacht schlafen.«

Es hörte sich nun mehr wie eine Frage an denn wie eine Antwort.

»Okay, mein Junge, alles klar, kann ich voll und ganz verstehen. Versuch man bis morgen Mittag eine Entscheidung zu fällen, und dann gibst du mir Bescheid.

Okay?«

»Ja, das bekomme ich wohl hin.«

Der Wind und die Strömung im Kanal sorgten dafür, dass die »Marie« zügig vorankam.

Als Fiete später in seiner Koje lag, ließ er das Gespräch wie ein Tonband noch einmal in seinem Kopf abspulen, aber das gleichmäßige Arbeiten der Hauptmaschine und die immer wiederkehrenden Schiffsbewegungen wiegten ihn allmählich in den ersehnten Schlaf.

Das Wetter wurde tatsächlich wieder schlechter. Wolkenfetzen jagten übers Schiff, getrieben von einem stetig auffrischenden Wind.

Nun, noch war der Wind nicht stark genug, um das Vorstag und die Flaggleinen auf der Back heulend zu begrüßen.

Winter Nordatlantik, Nordamerika

Ein weiterer Morgen war vergangen, der englische Kanal bereits verlassen und Land's End passiert.

Und sofort merkte jedermann: Irgendetwas lag in der Luft.

Schlechtwetter? Zum wiederholten Mal? Winter im Nordatlantik!

Die vergangenen Tage waren schon nicht schön, der Himmel ewig bedeckt mit dunklen Wolken. Daraus fiel ab und an Nieselregen, und kühle Temperaturen herrschten vor. Alle Klamotten, die man trug, waren klamm. Das Arbeiten bereitete nicht wirklich Freude.

Nun aber schien es wirklich rapide schlechter zu werden. Ein eindeutiger Beweis. Das Barometer fiel.

Der Erste hatte Fiete beauftragt, dafür Sorge zu tragen, dass das Getriebeöl aus den Fässern an Deck schnellstmöglich in die Tanks gepumpt wurde, falls das Wetter noch schlechter würde, und damit die vermaledeiten Fässer so bald als möglich vom Hauptdeck verschwinden.

Fiete begab sich mit Ylmaz, dem Langen, Sabri, Sidi und Garcia an Deck.

Das Hauptdeck war bereits zu einem großen Teil mit Seewasser bedeckt. Bei jeder Rollbewegung nach steuerbord schoss zusätzliches Seewasser durch die Wasserpforten, und dadurch gerieten die Fässer immer etwas in Bewegung, schlugen hier an eine scharfe Kante, dort an irgendeinen Stützen der Schanzung.

Die komplette Fassansammlung war beim näheren Hinsehen die ganze Zeit in Bewegung, die Laschings hatten sich schon durch die Kraft des Wassers leicht gelockert.

»Verdammter Mist«, fluchte Fiete verhalten vor sich hin. Es sah nicht sehr gut aus.

Nach einem kurzen, aber sehr eindringlichen Ruf hinauf zur Brücke änderte der Erste wie abgesprochen den Kurs und verringerte die Fahrt des Schiffes etwas. Daraufhin hatten sie dann die See leicht von backbord und es hatte den Anschein, als könnten sie in Ruhe arbeiten.

Der Erste hatte ihnen vorerst etwas Luft verschafft, indem er durch die Kursveränderung Lee gemacht hatte.

»Wir müssen verflucht aufpassen, damit wir kein Seewasser ins Öl bekommen!«

Der Lange machte in diesem Moment mehr als nur ein sehr besorgtes Gesicht: »Sonst entsteht durch die Vermischung eine Emulsion, und dann kannst du alles vergessen. Vor allen Dingen ist das komplette Öl dann gründlich versaut.«

Der Dampfer holte immer mal wieder ein klein wenig über, und Sidi wäre beinahe ausgerutscht und mit seinem Allerwertesten an Deck gelandet, denn dort befand sich schon eine schmierige Schicht.

»Menschenskinder, hier muss doch schon irgendwo eines der Fässer leckgeschlagen sein!

Merkt ihr nicht auch, wie glatt das hier ist? Das ganze Deck ist voll mit Schmieröl und Pampe.«

Fast im gleichen Augenblick sackte die »Marie« in ein Wellental und neigte sich kräftig nach steuerbord. Sofort stürzte eine Unmenge Wasser über den Schanzdeckel und füllte das Hauptdeck bis zur Lukenkimming.

»Festhalten!«, schrien Fiete und Sidi wie aus einem Munde.

Der Lange hatte blitzschnell reagiert und den halb geöffneten Füllstutzen augenblicklich wieder verschlossen und paddelte nun inmitten des Hauptdecks, wo Sabri den Stoff seines Blaumanns erwischte und ihn festhielt.

Fiete konnte sich gerade noch mit seiner Linken an den Ketten der McGregor-Luke festhalten, mit der anderen griff er sich Ylmaz, der wie erstarrt mit der Pumpe in der Hand im hüfthohen Wasser stand und wegzudriften drohte. Aber Fiete hatte instinktiv zugegriffen und umklammerte mit seiner Rechten Ylmaz' Handgelenk und ließ es auch nicht mehr los.

So schnell, wie das Wasser gekommen war, so schnell war auch der Hauptteil durch die großen Wasserpforten wieder verschwunden. Der Rest des Seewassers verlief sich in den Lukentaschen und auf dem Hauptdeck.

Die Jungs waren wirklich perplex, keiner hatte mit einer solchen Welle gerechnet.

»Alles okay bei euch?«, war nun die heisere Stimme des Ersten aus der Steuerbordnock zu vernehmen.

Fiete blickte sich kurz um und streckte dann nur wortlos seinen Daumen dem Ersten entgegen.

Mittlerweile hatte sich auch der Lange wieder vom schmierigen Deck aufgerappelt.

»So, Ende Gelände!«

Fiete war stinksauer, zum Teil auf sich selbst. Mit dem Wasser hatte er nicht gerechnet und trotzdem hätte er vorausschauender arbeiten müssen.

Nun wandte er sich dem Langen und Ylmaz zu: »Ihr verschwindet jetzt hier mit der Pumpe und verzieht euch in den Fettkeller. Hier wird überhaupt nichts mehr gepumpt!«

Blitzschnell waren die beiden samt ihrer nassen Klamotten verschwunden.

Fiete versuchte ein weiteres Mal, die Brücke anzurufen, was ihm auch gelang, und der Kopf des Ersten Offiziers erschien über dem Windschutz der Nock.

Fiete versuchte ihm mit wilden Gesten und Rufen klarzumachen, dass das Abpumpen der Ölfässer im Moment keinen Sinn mehr machte. Danach zeigte er auf die Lukentasche und auf die Fässer und deutete damit an, die heil gebliebenen Fässer nun sicher in der Lukentasche verstauen zu wollen. Der Erste nickte verstehend.

»So, Jungs, jetzt passt auf!«

Aber das brauchten sie schon gar nicht mehr, denn sie hatten die gestenreiche Unterhaltung schon von Anfang an mitverfolgt und waren voll im Bilde.

»Okay, alle wissen Bescheid, die beiden defekten Fässer gehen gleich über die Mauer und der Rest in die Lukentasche.

Sabri, du und Garcia, ihr geht ins Kabelgatt und holt Herkules sowie einige Törnknüppel. Wir laschen die Fässer mit Herkules, vorher ein Rundtörn um jedes Fass und dann mit spanischer Winde andrehen.

Zu guter Letzt noch einmal doppelter Herkules quer vor die Fässer durch die Lukentasche.

Die Laschings sollten die Fässer wohl konkret hier in der Lukentasche halten.

So, los jetzt, ab. Holt das Zeug und dann ran an die Bouletten!

Sidi, los, komm her! Wir rollen die heilen Fässer jetzt gleich in die Lukentasche.«

Und so wurde es dann gemacht.

Innerhalb von einer Stunde waren die unbeschädigten Fässer in der Lukentasche verstaut und gesichert.

Die beiden beschädigten Fässer waren bereits Geschichte.

Als Fiete auf die Brücke kam, um dem Ersten Offizier einen kurzen Bericht zu erstatten, war die »Marie« bereits wieder auf Kurs Kap Breton und lief mit voller Fahrt voraus.

Das Wetter hatte sich zusehends verschlechtert, und die Brecher, die gegen das Vorschiff krachten, um danach sofort über die Back aufzusteigen, waren so hart und brutal, dass die »Marie« zeitweise in all ihren Verbänden erzitterte.

Das Spritzwasser vermischte sich immer mehr mit den zunehmenden Regenschauern, und der nun vorherrschende Sturm jagte ein ums andere Mal neue Wasserwände über das Schiff und das Ruderhaus.

Am folgenden Morgen, die Helligkeit konnte sich nicht so richtig durchsetzen, meinte der Erste zu Fiete, er solle wohl mal eine Sicherheitsrunde laufen, um sich zu vergewissern, ob vorn in der Farbenlast, im Kabelgatt, also im gesamten Vorschiff überhaupt, alles in Ordnung sei.

Bei der Gelegenheit könne er doch auch noch mal einen Blick in die Luken werfen, ob dort alles seine Richtigkeit habe und dicht sei. Das könne er dann ja vom Unterraum her am besten sehen.

Gut, okay.

Fiete zog sich Ölzeug und Gummistiefel an, bewaffnete sich mit einer starken Stablampe, während der Erste etwas Fahrt aus dem Schiff nahm, damit die Brecher nicht mehr zu sehr das Hauptdeck und die Luken überrollten.

Und so spurtete Fiete los über Luke zwei rein in die Lukentasche. Abwarten, bis der Dampfer etwas ruhiger lag, raus aus der Lukentasche, und mit einem weiteren Sprint erreichte er unbeschadet die Achterkante Back, das Schott zur Farbenlast.

Schott von der Farbenlast auf, rein, wieder zu, Vorreiber vor. Schwer atmend lehnte er sich an eines der Regale. Abwartend.

Die »Marie« sackte in ein Wellental. »Bam, bam, bam.« Diverse schwere Brecher schlugen hart gegen das Vorschiff, während Fiete sich in der Farbenlast umsah. Nichts war bisher umgekippt oder ausgelaufen, trotzdem sicherte er noch einige Farbeimer zusätzlich.

Ganz plötzlich sackte die »Marie« wieder weg. Wie ein Stein oder, besser gesagt, wie ein Fahrstuhl, dem man die Zugseile gekappt hatte, schoss sie in ein schier bodenloses Wellental.

»Verdammte Scheiße, wo endet dieses Wellental denn nur?«

Fiete hatte den Gedanken noch nicht ganz zu Ende gedacht, da kam urplötzlich der Widerstand. Durch die See gestoppt war es so, als würde der Dampfer auf der Stelle verharren. Das Vorschiff hob sich unendlich langsam – Fiete kam es wie eine Superzeitlupe vor – und dann spritzte urplötzlich Wasser durch das Schlüsselloch in die Farbenlast.

Welche Unmengen von Seewasser mussten sich da in diesen endlosen Momenten über das Vorschiff der »Marie« ergossen haben?

Fietes Augen nahmen die Größe von Flaschenböden an, und die Gedanken rasten durch seine Hirnwindungen: *»Wenn wir jetzt noch einen oder zwei fette Brecher auf die Back kriegen, dann kommt der Dampfer mit dem Kopf gar nicht mehr hoch, dann geht das Ding hier ab wie ein Stein, senkrecht nach unten. Mist, verdammter, ich will hier nicht absaufen!*

Fiete, ganz ruhig bleiben, abwarten.«

Fiete versuchte sich selbst gut zuzureden und spürte den Schiffsbewegungen nach.

Der Dampfer kam hoch, ein Brecher schlug erneut gegen die Bordwand, alles dröhnte und vibrierte, er sackte wieder weg, kam abermals langsam wieder hoch und blieb gefühlt für einige Augenblicke schon wieder stabiler.

Aber nun, Vorreiber auf, raus aus der Farbenlast, Schott zu, Vorreiber wieder zu, alles okay?

Ja, und im Sturmschritt ab zum Windendeck zwischen den beiden Doppelluken, rein in die Lukentasche Achterkante Windendeck.

Durchatmen, ganz tief durchatmen, weiteratmen und Ruhe bewahren. Alles war gut.

»Geschafft, da vorn bin ich erst mal weg und heil geblieben.«

Irgendwie schien sich gefühlsmäßig alles ein klein wenig beruhigt zu haben, und die »Marie« glitt unruhig weiter durch den Nordatlantik. Da öffnete Fiete den Lukeneinstieg und stieg bedächtig die Raumleiter hinab in den Unterraum. In der Luke war es feucht und roch irgendwie, dazu tropfte permanent Wasser, so als würde es regnen.

Auf den Bugdielen angekommen schaltete er die Stablampe ein und strahlte von unten die Lukendeckel an. Der Lichtkegel spiegelte sich sofort tausendfach in den Wassertropfen wider.

Von der Unterseite der Lukendeckel tropfte es ziemlich stark und jedes Mal, wenn ein Brecher über Deck und Luken fegte, verstärkte sich die Tropfenmenge um ein Vielfaches. Das Wasser lief in kleinen Rinnsalen zu den Seiten ab und verschwand in den Bilgen. Die Bilgenpumpen arbeiteten, so wie es aussah, hervorragend.

Auf den Bugdielen stand kein Wasser.

Noch ein abschließender Blick von unten zum Herftstück: Die eingearbeitete Zementmischung hielt noch.

Langsam kletterte Fiete wieder die Raumleiter hinauf und begab sich auf die Brücke.

Dort informierte er den Ersten Offizier über seine Beobachtungen, und dieser telefonierte sofort mit dem wachhabenden Ing. und ließ sich versichern, dass auch noch zwei weitere Pumpen in Stand-by-Position waren. Für den Fall der Fälle.

Weiterhin berichtete Fiete, dass im Vorschiff alles okay sei und man sich im Augenblick keine Sorgen machen müsste.

Was natürlich unvermeidbar und für den Ersten dann wohl auch sehr wichtig erschien, war die Frage an Fiete, ob und wie er sich denn nun entschieden hätte.

Er zierte sich auch nicht lang und teilte dem Ersten mit, dass er den

Job des Schlüsselmatrosen gern übernehmen möchte, woraufhin ihm der Erste spontan die Hand schüttelte.

Das Tiefdruckgebiet erwies sich nach einigen Tagen als gnädig und war nach Südwesten weggezogen. Die »Marie Reith« durchpflügte nun weiter den Nordatlantik mit 14 Knoten Reisegeschwindigkeit. Trotzdem kam immer noch Spritzwasser über.
 Je weiter sie nach Norden vorankamen, desto kälter wurde es. Das spürte man schon ganz gut; die Kälte kroch nämlich jedem in die Knochen.
 Sie waren noch eine knappe Tagesreise von **Sydney** entfernt, da setzte gegen Abend eine kräftige Brise ein, und die Außentemperatur fiel weit unter null Grad. **46° 08´ 30.37" Nord / 60° 12´ 01.27" West**
 Am Morgen darauf war der komplette Frachter von einer circa 10 bis 15 Zentimeter dicken Eisschicht überzogen und steckte zu allem Übel auch noch im Treibeis fest.

Die »Marie Reith« kurz vor Sydney/Kap Breton/Kanada 1972 im Treibeis und etwas mit gefrorenem Spritzwasser überzogen

Durch die ladungsbedingte Steifigkeit des Schiffes und den Seeschlag wurde beim späteren Enteisen festgestellt, dass sich das komplette Steuerbordschanzkleid vom Hauptdeck gelöst hatte und Achterkante Back sowie an der Vorkante Aufbauten nur noch durch eine Schweißnaht gehalten wurden. Sobald man mit Wucht dagegentrat, gab die komplette Schanzung um gute zehn Zentimeter nach.

Die Geientampen hatten jetzt durch das gefrorene Spritzwasser der vergangenen Nacht die Stärke eines kräftigen Unterarmes.

Da die Maschinenkraft nicht ausreichte und die »Marie« auch keine Eisklasse besaß, kam der Kapitän nicht umhin, einen Eisbrecher zu rufen, der auch am frühen Vormittag eintraf und der »Marie« eine Fahrrinne zum Hafen von Sydney öffnete.

Um die »Marie« löschklar zu machen, benötigte die komplette Deckscrew einen knappen Tag, wozu sonst nur zwei Stunden benötigt wurden.

Als der Lange im Laufe des Tages seine Schmierölfässer aus der Lukentasche holen wollte, um sie nun endlich in die Tanks umzufüllen, da waren sie verschwunden.

Er fand nur noch die durchgescheuerten, zerfetzten Reste der Herkules-Laschings vor, die traurig in der Lukentasche hingen.

Nun musste der Chief in den sauren Apfel beißen und noch mal fünf Fässer Öl ordern.

In der Lukentasche und etwas drum herum war die komplette Öl-Salz-Wasser-Emulsion im Eis gebunden. Man musste nur die Eisplakken abschlagen und mit einer großen Schaufel das Eis außenbords befördern, und schon war, bis auf kleinere Schmierflecken, alles sauber.

In Sydney kam auch nach ewigen Zeiten endlich die Werft an Bord, reparierte das defekte Herftstück von Luke eins und schweißte auch die abgerissenen Stützen der Schanzung wieder an.

Das Glück war Fiete und seinen Kollegen einfach nicht hold: Auch hier in Kanada hatte der Wetterbericht nur schlechte Nachrichten für sie.

Man bewegte sich am Tag wie im Zwielicht. Dazu war es bitterkalt, und ein Blizzard mit viel Schnee wurde vorhergesagt.

Noch während der Löscharbeiten begab sich die Deckscrew in beide

Luken, obwohl Bobcats die restlichen Erzmengen für die großen Greifer noch zusammenschoben.

Irgendwann erschien der Erste an Luke eins, in der Fiete arbeitete, und gab ihm durch Handzeichen zu verstehen, er möge doch mal zu ihm hoch an Deck kommen.

»Hör mal, Fiete, sobald der letzte Greifer und die Bobcats die Luken verlassen haben, augenblicklich seeklar machen. Die Räume könnt ihr auch noch morgen reinigen. Wenn alle Bäume unten sind, laufen wir sofort aus.

Wir laufen nach Saint John in New Brunswick, eine circa Zwei-Tages-Reise von hier bis in die Fundy Bai.

Also etwas Attacke bitte, meine Herren!«

Die Überfahrt nach Saint John war beherrscht vom Wachegehen, denn das Wetter ließ keine großartigen Arbeiten an Deck zu.

Ein mäßiges Schneetreiben begleitete die »Marie« und ihre Crew schon seit Auslaufen in Sydney und verstärkte sich sogar noch, als sie in Saint John einliefen.

Sie lagen dort im zweiten Hafenbecken sogar etwas geschützt vor der Unbill des kanadischen Winters. Der vorhergesagte Blizzard war zum Glück bisher nicht eingetreten.

Nach dem Festmachen wurde sofort das Ladegeschirr gestellt, denn in **Saint John** wurde laut Aussage des Ersten Offiziers nur mit eigenem Geschirr geladen. **45° 15′ 52.31" Nord / 66° 04′ 08.74" West**

Also alle Bäume aus den Baumstützen gehievt, Preventer über die Baumnocken gehakt, Bäume in Position gebracht, Preventer festgesetzt, alles gut. Ladeklar!

So waren die Spargel zügig gerigt worden und die Luken geöffnet. Danach ergab sich für Fiete und die Jungs die Chance einer ausgedehnten Smoke Time.

Allerdings hatte sich das Wetter noch weiter verschlechtert, ein eisiger Wind wehte nun recht stark aus Nordost, dazu hatte der Schneefall weiter zugelegt, und die Außentemperaturen bewegten sich nun um minus zwölf Grad.

»Marie Reith« im Jahr 1972 beim Kartoffeln-Laden in Saint John, in Kanada, bei starkem Schneefall

Alle hatten sich in die Mannschaftsmesse verzogen und wärmten sich auf. Sie genossen gerade ihre Glimmstängel und eine Buddel Bier, als der Erste die Messe betrat. »Na, Jungs«, begann er, »wie ich sehe, ist das Geschirr ja schon geriggt. Ist auch gut so, die Docker werden wohl gleich hier aufschlagen und mit dem Laden der Kartoffeln beginnen.

Wenn ihr mal einen Blick auf die Kaianlage werft, werdet ihr sehen, wie dort im Schneetreiben schon die ersten Paletten mit den Kartoffeln von den Staplerfahrern herangekarrt werden.«

Ob die hiesige zu verschiffende Pflanzkartoffel dieses Wetter tatsächlich abkonnte, wagte von ihnen keiner zu beurteilen.

Trotz des Wetters begannen die Docker mit ihrer Arbeit, und eine Hieve Kartoffelkisten nach der anderen verschwand in den Laderäumen der »Marie«.

Nachdem die Laderäume sich zusehends gefüllt hatten, wurden die Hieven nur noch auf den bereits hoch angeladenen Kisten im Lukentrumpf abgesetzt, um dann von den Hafenarbeitern in die Seiten der Luken unter Deck verstaut zu werden.

Wenn hier an Bord auch alles sehr lax gehandhabt wurde, beim Seeklarmachen hatte allerdings die Sicherheit erste Priorität, darauf hatte Fiete schon seinen Daumen.

Beim Wegfieren zum Beispiel ließ man die Faulenzer voll und ganz auf den Spillkopf auflaufen und nicht wie sonst üblich nur vier Törns, um dann durch Zutschen des Faulenzers den Baum wegzufieren.

Denn beim Wegfieren über den Spillkopf mit vier Törns war seinerzeit der Spargel von Luke eins Vorkante runtergekommen und hatte das Herftstück stark beschädigt.

Der Erste war an Deck erschienen und suchte Fiete. Kurze Zeit später hatte er ihn bei Luke eins entdeckt.

»Hallo, Fiete, veranlass man gleich, dass so schnell wie möglich seeklar gemacht wird. Der Nordostwind hat das Eis vertrieben, und somit haben wir die beste Chance, hier raus und sofort in offenes, freies Fahrwasser zu gelangen, ohne jegliche Schlepper- oder Eisbrecherhilfe!

Also. Los jetzt. Mach noch mal richtig Dampf!«

Fiete hatte die eindringlichen Worte des Ersten gut verstanden und wendete sich den Jungs der Deckscrew zu.

Im Stillen dachte er bei sich: »*Meine Fresse, welch ein zusammengewürfelter Haufen! Marokkaner, Algerier, Spanier und meine Wenigkeit, einziger Deutscher, als Schlüsselmatrose.*

Aber trotzdem brauchbare Seeleute, allesamt.«

Er schüttelte energisch seinen Kopf, so als wolle er die Gedanken verjagen.

»So, los, Leute, ich glaube, ihr habt alle gehört, was der Erste gesagt hat. Sobald Chance ist, seeklar machen, aber heute mal zackig.

Je eher daran, je eher davon.

Sidi und Garcia, ihr achtet mit einem Auge auf Luke zwei. Sobald die Stauer fertig sind, das volle bekannte Programm.«

Und alle packten zügig an; jeder wusste genau, was zu tun war. Die Handgriffe saßen, und so setzte sich die Maschinerie Mensch wieder einmal in Bewegung.

Hier und heute mal etwas schneller als sonst.

Und kurze Zeit später erscholl wieder einmal der altbekannte Spruch: »Klar vorn und achtern!«

Alle Leute begaben sich umgehend auf ihre Stationen.

Der Himmel hatte immer noch dunkelgraue, tief hängende Wolken, und Dämmerung herrschte den ganzen Tag vor. Auch der Schneefall setzte sich in seiner Stetigkeit fort. Wie kleinste Spielbälle wurden die Schneeflocken von einem leichten Wind bewegt und hin und her getrieben.

Dazu war es auch immer noch sehr kalt, weit unter null Grad.

In den nächsten Tagen sollte sich das aber alles ändern: In vier Tagen würden die Temperaturen sich zum Positiven verschieben, denn dann waren sie schon beinahe auf Höhe der Karibik.

Man konnte es wirklich spüren, die dicken Winterklamotten waren schon wieder in die Arbeitsspinde verbannt und die kurzen, leichten Arbeitssachen angesagt.

Zwei Tage vor Puerto Cabello, mitten in der Karibik, meinte der Erste morgens auf Wache: »Wir haben hier ja die besten Wetteraussichten und sehr angenehme Temperaturen, daher werden wir heute auch mal damit beginnen, das Deck mit der Rostmaschine abzufahren, aber vorher öffnet ihr alle Luken ein klein wenig, um die Erdäpfel etwas mehr zu belüften.«

In den vergangenen Tagen, nachdem die Tagestemperaturen stets gestiegen waren und auch die Wassertemperatur sich schon im Badebereich bewegten, hatte sich ein etwas merkwürdiger, erdiger Geruch über der »Marie« ausgebreitet und hüllte sie wie eine Glocke ein.

»Okay«, erwiderte Fiete, »hoffentlich erleben wir hier keine böse Überraschung. Nach dem Frühstück öffnen wir Vorkante Luke eins und Achterkante Luke zwei.«

»Ja, genauso machen wir es«, nickte der Erste zustimmend. »Ich bin dann mit an Deck, sobald ihr die McGregor aufzieht.«

Nach dem Frühstück war es dann so weit: Die Lukendeckel waren entsichert, der Aufholer eingeschäkelt, Strom an Deck bestellt und Fiete stand am Kontroller.

»So, Seemann«, gab der Erste das Zeichen, »denn man: open the hatch!«

Fiete zog den Hebel des Kontrollers zu sich, die Windentrommel begann den Lukenaufholer aufzunehmen. Knirschend rollten die Eisenräder der McGregor-Luke durch die Führungsschienen, und dann klappte auch schon der erste Lukendeckel mit den normalen Geräuschen in die Lukentasche. Plötzlich erfüllte ein bestialischer Gestank das komplette Deck im Bereich der geöffneten Luke, so als wäre der Beelzebub leibhaftig aus ihr emporgestiegen.

Es war der abartige Gestank von einem riesigen Haufen vergorener und verfaulender Kartoffeln.

»Donnerwetter, welch aromatische Düfte!«

Der Erste stand neben der Luke und war im Begriff, sich die Nase zuzuhalten, alle anderen hatten sich längst abgewendet, standen an der Schanzung und blickten scheinbar gelangweilt auf die See.

»Fiete, zieh man schon die Luke komplett auf, damit auch ordentlich Luft an die Ladung kommt. Unsere Lüfter haben ja scheinbar absolut nichts bewirkt.

Garcia, geh mal bitte nach achtern und hole den Kapitän, er müsste noch im Salon beim Frühstück sein. Der sollte sich den ganzen Klamauk hier auch ruhig mal ansehen.«

Allmählich nahm der Gestank, der mit aller Macht aus der Luke gedrungen war, ab, verlor sich aber nicht total.

Der Fahrtwind schob die üble Dunstwolke zügig nach achteraus.

Mittlerweile war der Kapitän an Deck erschienen und schaute höchst interessiert in die Luke. Dann ging er zu seinem Ersten Offizier, zupfte leicht an seinem Hemdsärmel und deutete ihm an, ihn ans Schanzkleid zu begleiten.

Unter dem Motto: Muss ja nicht jeder mitbekommen, was hier besprochen wird.

Der Kapitän und sein Erster Offizier, Herr K…, unterhielten sich eine geraume Weile und hatten dann wohl so etwas wie eine Entscheidung gefällt. Der Kapitän ging daraufhin gemächlichen Schrittes zurück zum Achterschiff und der Erste Offizier zurück zur Luke.

»Also, Luke wieder schließen und den normalen Zustand wieder herstellen. Alle Lüfter auf Zuluft einstellen.

Dann könnt ihr damit beginnen, das Deck abzufahren, ordentlich entrosten.

Der Rest ist bei Fiete.«

Und damit war auch der Erste wieder vom Hauptdeck verschwunden.

War es Einbildung oder Tatsache? Es roch im Augenblick weniger intensiv nach Gammel als die ganze Zeit davor.

Fiete fuhr die Luken wieder zu, Garcia und Ahmed stellten den Urzustand »seeklar« wieder her.

»He, Sidi, Sabri, Manuel, kommt mal her zu mir!«

Fiete beorderte die drei Seeleute zu sich und teilte sie dann zur Arbeit ein.

»Sidi, du schnappst dir die Raddel-Daddel und beginnst an Steuerbordseite Achterkante Back mit dem Abfahren des Decks.

Sabri, du und Manuel, ihr steckt die Roststellen der Steuerbordschanzung ab. Achtet vor allem auf die Schweißstellen von den Reparaturarbeiten der Werft. Vergesst auch nicht, das Herftstück an Luke eins zu bearbeiten, und anschließend wird alles ordentlich gemennigt.

Alles klar?«

Ein zustimmendes Nicken der drei, dann folgten sie Fiete ins Kabelgatt und zur Farbenlast, wo er sie mit dem notwendigen Arbeitsgerät und Materialien ausstattete. Danach ging er nach achtern.

Als er dort ankam, sah er den Smut auf dem Bootsdeck vor der schiffseigenen Kartoffelkiste hocken.

Er füllte mit seiner rechten Hand den mitgebrachten Eimer mit Kartoffeln, seine Linke hatte er, es sollte wohl unabsichtlich wirken, mit dem Unterarm auf seinem Haupthaar liegen.

»Ich lach mir einen Ast und setz mich drauf, das darf doch nicht wahr sein!«

Fiete kannte die Hintergründe und wusste sofort, warum der Koch in so einer merkwürdigen Position verharrte.

Da er den Koch auf seiner 04/08-Wache stets um 05:30 Uhr früh weckte, kannte er auch dessen kleines Geheimnis: sein künstliches Haupthaar.

Da der Koch ein Toupet trug, verschob sich dieses manchmal während der Nacht, und so hatte Fiete ihn schon so manches Mal beim Wecken in der Koje mit sehr deutlich sichtbaren Toupet-Klebestreifen-Spuren angetroffen. Daher kniete er nun vor der Kartoffelkiste und achtete darauf, dass ihm der Fahrtwind nicht das gut gearbeitete künstliche Verdeck vom Kopf riss.

Fiete grinste wissend in sich hinein und zündete sich währenddessen eine Filterlose an.

»He, Smut, alte Socke, hast du irgendwo einen heißen Kaffee für mich stehen?«

»Ja, geh man rein, bei Atze in der O-Messe steht eine Kanne mit frisch aufgebrühtem Kaffe! Ich habe aber auch noch 'ne Kanne Kujampelwasser gemacht, löscht ja hier in den Tropen viel besser den Durst.«

»Wunderbar, alles klar!«

Fiete ging in die Pantry der Offiziersmesse und wollte sich gerade eine Mug mit dem frischen Kaffe einschenken, da kam Atze, der Steward, um die Ecke. Er glich eigentlich eher einem Kobold, schmächtig, klein, kalkweiße Glatze und irgendwie unscheinbar.

»Hallo, Fiete, na, was gibt's, was treibt dich an meine Wirkungsstätte?«

»Nur der Kaffeedurst, Atze, nichts anderes, und der Koch hatte mir verraten, bei dir in der Pantry würde sich eine Kanne mit ganz frisch aufgesetztem Kaffee befinden.«

Und im Handumdrehen war Fietes Mug mit tiefschwarzem, heißem und trotz der tropischen Temperaturen dampfendem Kaffee gefüllt.

Natürlich durften Milch und Zucker nicht fehlen.

»Hast du eigentlich schon das Neuste gehört?«

Wie ein kleiner Verschwörer blickte Atze wichtig um sich, ob nicht irgendwo jemand in der Nähe war, der vielleicht mithören konnte.

»Na, was meinst du denn?«

Fiete blickte ihn fragend an. Er hatte absolut keine Ahnung, was Atze meinte.

»Der Koch will sich in Puerto Cabello einen kleinen Lover zu Gemüte führen!«

»Mensch, Atze, das ist doch sein Problem. Wenn der Hinterlader das braucht und er meint, er müsse jemanden oder sich selbst beglücken, dann ist das doch sein ureigenstes Ding, solange er uns nicht behelligt und die Fressalien immer pünktlich auf der Back stehen.

Der Smutje macht doch nicht seine erste Reise, der hat die Sache schon gut im Griff!«

»Das glaubst du? Und wenn er sich in so eine Pupe verliebt? Was ist dann?«

»Was ist eigentlich los mit dir, Atze? Bist du auch schwul und eifersüchtig auf eine Sache, die überhaupt noch nicht spruchreif ist?

Davon hatte ich ja bisher noch gar nichts bemerkt!«

Fiete blickte Atze höchst erstaunt an.

»Ich kriege hier noch einen zu viel. Ist der Wurzelgnom nun auch noch vom anderen Ufer? Das hätten wir doch in den vergangenen Wochen merken müssen!«

»Nein, nein, was denkst du denn eigentlich von mir?« Atze verteidigte sich nun vehement: »Aber man macht sich ja so seine Gedanken.«

»Das Denken überlass man anderen, die haben einen größeren Kopp als du!«

Mit diesen Worten betrat Fiete wieder das Achterdeck, zog genüsslich an seiner Zigarette und trank vorsichtig den immer noch heißen Kaffee.

»Der Atze hat doch echt ein Ding laufen, der sollte sich lieber um seinen eigenen Scheiß kümmern«, waren so die Gedanken, die Fiete dabei durch den Kopf gingen.

Das Wetter war so herrlich, es gab beinahe keine Steigerung mehr. Türkisfarbenes Wasser, strahlend blauer Himmel, eine sanfte Brise, dem Fahrtwind geschuldet, strich über das Schiff.

Der wunderbare Duft der Tropen lag in der Luft und hinterließ an Bord nur gute Stimmung.

10° 28′ 55.84" Nord / 67° 59′ 37.30" West

Das war der Stand der Dinge an Bord der »Marie Reith«, als sie in **Puerto Cabello** einliefen, eine typische kleine Hafenstadt in Südamerika.

Am Wochenende war Ostern, und an Bord wurde gemunkelt, dass die Stauerei wohl erst am Ostermontag mit den Löscharbeiten beginnen würde.

Tja, das wäre noch der Bringer, Ostern frei!

Der erste dicke Wermutstropfen trübte die gute Stimmung der gesamten Crew schon nach dem Festmachen der »Marie«. Angeblich hatte der Kapitän keinen Vorschuss für sie bei der Agentur bestellt, weil merkwürdigerweise kein Besatzungsmitglied irgendein Guthaben vorzuweisen hatte.

Da stellte sich doch die Frage: Wie rechnete die Schiffsleitung denn überhaupt die geleisteten Überstunden ab?

Fiete stand mit dem Langen und Karl rauchend auf dem Achterdeck und dabei blickten sie neugierig auf den ungeordneten Haufen in olivfarbenen Tarnanzügen, gut bewaffnete Soldaten, die ganz wichtig im gesamten Hafenbereich herumwuselten.

»Mannomann, was ist denn hier nur los?«

»Militärdiktatur«, meinte Karl lakonisch, »wenn dir das etwas sagt.

Aber so wie die Soldaten hier rumlaufen, haben die wohl mehr Angst vor ihrer eigenen Macht als vor einem imaginären Feind.

Also wenn man das hier nicht mit eigenen Augen sehen würde, dann wäre es doch sehr schwer zu glauben. Richtig martialisch, ihre Aufmachung.«

In diesem Augenblick winkte ein großer, schlanker Krieger mit zwei silbernen Sternen auf seinen Schulterklappen und einem Schnellfeuergewehr quer vor seiner Brust Fiete freundlich zu und bedeutete ihm, er möge doch aufs Hauptdeck an die Schanzung kommen.

Fiete folgte mit einigermaßen gemischten Gefühlen der Aufforderung des Soldaten.

Dieser begann sofort, auf Fiete einzureden. Da Fiete aber kein Spanisch verstand, zuckte er resignierend die Schultern.

Er hatte bisher nur ein paar Brocken Spanisch aufgeschnappt: Pintura, hacer falta, dinero.

Fiete zuckte erneut mit den Schultern und sagte dann zum Soldaten, der ihn erwartungsvoll anblickte: »Momento.« Dann wandte er sich ab und ging zurück zu Karl und dem Langen, die immer noch achtern herumstanden.

Unverzüglich sprach Fiete Karl an, während der Soldat immer noch am gleichen Platz verharrte.

»Kannst du mir helfen, du sprichst doch etwas Spanisch? Ich habe da ein paar Brocken aufgeschnappt, übersetz mir die mal bitte: Pintura, hacer falta, dinero?

Was bedeutet das?«

Karl sah Fiete an, dann den Langen und grinste dabei übers ganze Gesicht: »Ich glaube, wir könnten unseren Landgang sichern. Der Clown will Farbe haben.«

»Wie, er will Farbe haben?« Fiete blickte Karl skeptisch an.

»Warte mal ab. Los kommt, mal schauen, was er konkret will!«

Gesagt, getan, und schon gingen alle drei zu dem Soldaten, der immer noch am gleichen Fleck stand. Karl begann mit der Unterhaltung. Sein Spanisch war wirklich beachtlich.

Kurze Zeit später wandte er sich an Fiete und den Langen.

»Tja, er will tatsächlich Farbe, Verdünnung und Pinsel haben. Er möchte die Hütte seiner Familie malen.

Er will dafür richtig Kohle raustun, unser Landgang wäre dadurch gesichert.

Fiete, du hast doch den Schlüssel zur Farbenlast oder?«

Fiete blickte ihn vollkommen entsetzt an: »Bist du jetzt vollkommen meschugge? Ich soll die Reederei beklauen, nur damit wir an Land können? Kein Stück! Ich glaube, du tickst nicht mehr ganz sauber!«

»Hör mal, wir könnten Garcia dazuholen für den Fall, dass ich ihn nicht richtig verstanden habe.«

»Nee, jetzt ist gut. Ich glaube«, der Lange beugte sich vor und senkte seine Stimme, »wir machen das.

Der Alte, der Chief und der Erste gehen nachher mit dem Agenten an Land essen.

Da hätten wir freie Bahn und müssten nur noch darauf achten, dass uns hier an Bord keiner in die Quere kommt.

Fiete, wenn du nicht mitmachen willst, besorge ich mir einen Masterkey und du setzt dich solange in die Messe und weißt von nichts, okay?«

»Menschenskinder, wenn das einer spitzkriegt, bekommen wir alle drei einen Sack und in Deutschland wahrscheinlich noch ein Gerichtsverfahren, das mit einer deftigen Strafe für uns endet.

Mensch, Leute, ich weiß nicht, ich habe ein sauschlechtes Gefühl bei der ganzen Geschichte.

Lasst mich lieber dabei sein, sonst vertickt ihr noch die letzten guten Farbeimer, die ich im Farbenschapp habe.

Es könnte eventuell funktionieren. Ich habe in der Farbenlast einige Farbeimer, eine Falschlieferung, die sollte sowieso irgendwie verbraten werden. Da würde es vielleicht nicht so wirklich auffallen, wenn die verschwunden sind, außerdem habe ich auch noch alte, aber gut erhaltene und gereinigte Pinsel.

Wenn wir dem Soldaten die soeben genannten Materialien abtreten, dann könnte ich das man gerade eben mit meinem Gewissen vereinbaren.«

»Na, geht doch«, meldete sich der Lange nun auch wieder zu Wort. »Wir haben ja am kommenden Wochenende frei wegen Ostern, und da könnten wir mal richtig schön an die Beach fahren und die Sau rauslassen. Mit etwas Kohle im Rücken lässt es sich natürlich noch besser leben.«

»Okay.« Karl zeigte auf den Soldaten, der schon von einem Fuß auf den anderen trat, er war sichtlich nervös. »Der Kleine hier wird schon unruhig, wir machen jetzt Nägel mit Köpfen.«

Karl wandte sich nun voll und ganz dem dunkelhäutigen Südamerikaner zu und radebrechte mit ihm über Bezahlung und Abholung des Materials.

Kurz darauf verabschiedete sich der Soldat freundlich von ihnen und ging gemächlich zu seinen Kameraden zurück.

Fiete blickte seine beiden Freunde todernst an. Er konnte es nicht lassen und begann noch einmal: »Ihr seid ich euch auch wirklich im Klaren darüber, dass wir eine strafbare Handlung begehen, sobald wir das Zeug über die Schanzung an Land geben?«

»Ist nun mal gut.« Der Lange war scheinbar schon ziemlich genervt. »Wenn der Alte uns unseren Vorschuss ausgezahlt hätte, wären wir gewiss nicht auf solch eine Nummer verfallen.«

Jetzt schaltete sich Karl wieder ins Gespräch ein: »Aber nun mal etwas anderes, unser Dampfer ist ja in der Dunkelheit an der Kai kaum zu sehen, weil die Hälfte der Leuchtmittel fehlt und auch mit der letzten Ersatzteillieferung nichts Neues an Bord kam. Es ist nach Einbruch der Dunkelheit hier an Bord also dunkel wie im Bärenarsch. Der Venezuelaner kommt nach Einbruch der Dunkelheit mit seinem Jeep und stoppt auf der Höhe Achterkante Back. Wenn wir bis dahin alles gut vorbereitet haben, dann geht der ganze Zinnober ratzfatz über die Bühne.«

Nervös zündete sich Fiete eine Zigarette an.

»Okay, okay, Karl, du kommst jetzt mit mir nach vorn, und wir stellen dann auch gleich die Materialien bereit.

Langer, du passt gefälligst auf, damit niemand etwas bemerkt und uns stört, gegebenenfalls hältst du uns den Rücken frei.«

»Gut, alles klar!«

Karl und Fiete begaben sich zum Vorschiff und hatten in der Farbenlast binnen kürzester Zeit alles infrage kommende Material zusammengestellt und an der Landseite gelagert. Zur Sicherheit deckten sie es noch mit Rappeltuch ab.

Nachdem sie alles erledigt hatten, begaben sie sich wieder nach achtern zum Langen, dabei sogen sie nervös an ihren Zigaretten.

Die Zeit schritt voran und die hereinbrechende tropische Nacht begann Puerto Cabello schnell in Dunkelheit zu hüllen.

Das war der Zeitpunkt, auf den die drei gewartet hatten, und sie beobachteten angespannt jede Bewegung auf der Kaianlage.

»Du, Fiete, weißt du eigentlich, warum die Stauer erst nach Ostern mit dem Löschen der vergammelten Kartoffeln beginnen wollen?«

»Nee, ich habe keine Ahnung. Der Typ von der Stauerei und der eine Mensch von der Agentur waren ja schon an Bord, aber glaub man ja nicht, dass einer von ihnen auch nur einen Blick in die Luken geworfen hat. War eigentlich etwas merkwürdig.«

Karl hob plötzlich die Hand, und sofort verstummte das Gespräch. Alle starrten zur Pier.

»Da kommt ein Fahrzeug mit abgeblendeten Scheinwerfern, ich glaube, das ist unser Mann!«

»Das passt ja«, ließ daraufhin der Lange verlauten. »Habt ihr gesehen? Der Alte und Anhang sind schon von Bord.«

Ohne irgendwie hektisch zu werden, setzten sich die drei in Bewegung und gingen zum Vorschiff.

Das Erste, was Karl zu dem Soldaten sagte, als sie das Vorschiff erreicht hatten, war nur ein Wort, und sein Tonfall duldete keinen Widerspruch: »DINERO!«

Der Soldat verzog keine Miene und reichte Karl ein braunes Kuvert. Der blickte hinein und zählte kurz die Geldscheine, nickte dem Langen und Fiete zu und ließ das Kuvert in einer seiner Hosentaschen verschwinden.

»Okay, lasst gehen!«

Blitzschnell, ohne dass überhaupt irgendjemand etwas mitbekam, wechselten Farbeimer und das dazugehörende Werkzeug den Besitzer. Ehe sie sich versehen hatten, war der Jeep mit seinen Malerutensilien in der Dunkelheit verschwunden.

»Na, wie viel Kohle haben wir denn jetzt bekommen?«

Fragend und neugierig sah Fiete Karl an.

»Damit kommen wir hier und an Land sehr gut über die Ostertage.«

Dann war ja der bevorstehende Landgang somit wirklich gesichert, auch ohne die allen zustehende Auszahlung des Vorschusses vom Kapitän.

Nur Fiete fühlte sich die ganze Zeit unbehaglich. Er hatte bei dieser ganzen Geschichte immer noch ein flaues Gefühl in der Magengegend.

»Irgendwie kommt mir die ganze Sache immer noch spanisch vor, so unreal.«

Ostersonntag, Venezuela, Puerto Cabello.

Der Lange, Karl, Fiete und Ylmaz charterten sich ein Taxi zu einem sehr günstigen Kurs und ließen sich an die Playa Borburata kutschieren. Es war zum Glück keine kilometerweite Strecke, und sie alle vier waren in prima Stimmung.

Der Strand bestand aus herrlichem, weichem Sand, und das blaue Meer war wirklich einladend.

Also ließen sie sich erst einmal auf den mitgebrachten Decken nieder.

Die Sonne hatte an diesem Vormittag schon ordentlich Kraft und brannte unter anderem auch auf die vier hellhäutigen Europäer herab, die sich noch vor knapp zwei Wochen circa 6.000 Kilometer nördlich von Puerto Cabello im kanadischen Winter aufgehalten hatten.

Und dann ging es erst einmal hinein ins herrliche Wasser der Karibik. Sie tobten herum und freuten sich wie die Kinder.

Raus aus dem Wasser, auf die Decken im Sand und die Sonne genießen, abtrocknen brauchte sich keiner, das erledigte ja die Sonne.

Dass die Haut der vier vielleicht empfindlich reagieren könnte, daran verschwendeten sie in dem Moment nicht einen Gedanken.

Ohne sich großartig mit Sonnenschutzmitteln einzucremen, liefen sie immer wieder und wieder in das türkisfarben glitzernde Wasser.

Warum auch nicht, die Wassertemperatur betrug schließlich 28 Grad Celsius, beste Voraussetzungen.

Die einheimischen Besucher dieses Strandes hatten merkwürdigerweise mehr oder weniger kleine Schilfhütten oder ausladende Schilfdächer, die ihnen in angenehmer Weise ausreichend Schatten spendeten.

Irgendwann im Lauf des fortgeschrittenen Vormittags, sie hatten mittlerweile alle schon mehrfach ausgiebig im Wasser herumgetollt und gebadet, war ihre Haut bereits leicht gerötet, was sie nicht weiter interessierte. Einige der Einheimischen winkten ihnen zu und versuchten ihnen durch Handzeichen klarzumachen, dass es doch besser für sie wäre, bei ihnen im Schatten unter einem der Sonnenschutzdächer Platz zu nehmen.

»He, Langer, Karl, seht ihr das? Die Eingeborenen wollen uns doch mit aller Gewalt zu sich unter ihre Dächer locken. Ich weiß nicht, was das soll? Das machen wir selbstverständlich nicht.«

Und die Sonne schien weiterhin unbarmherzig von einem wolkenlosen blauen Himmel auf die vier Seeleute herab und trocknete immer wieder in kürzester Zeit auch die letzten Salzwassertropfen von ihrer Haut.

Der Lange blickte sich noch einmal verstohlen zu den winkenden Einheimischen um und meinte dann: »Nee, nee, wir gehen da nicht hin, die wollen bestimmt nur unsere Kohle haben, die armen Schweine denken doch immer, wir Weißen seien alle reich!

Los, kommt jetzt, wir gehen noch mal ins Wasser!«

Und schon waren sie wieder auf den Füßen, rannten barfuß durch den heißen Sand und stürzten sich in das angenehme Nass des karibischen Meeres.

Welch ein herrlicher, in der Tat unvergesslicher Tag!

Die Sonne Südamerikas hatte den Zenit bereits vor einer geraumen Zeit überschritten.

Die Einheimischen dösten alle mehr oder weniger im Schatten oder Halbschatten ihres Sonnenschutzes, sie hielten Siesta.

Irgendwann merkte Fiete, dass sich seine Haut über der Schulterpartie zu spannen begann. Sie schien auch sehr heiß zu sein, brannte irgendwie merkwürdig. Auch die Haut seiner frühen Glatze spannte sich extrem.

Die gutmütigen Einheimischen hatten ihr Winken bereits vor langer Zeit eingestellt, da sie von den Seeleuten keinerlei Echo erfahren hatten.

»He, Leute«, Fiete war aufgestanden und hatte sich sein kurzärmeliges Hemd über die Schultern gelegt, »mir ist irgendwie übel, die Haut beginnt wie Feuer zu brennen, ich glaube, wir sollten uns hier langsam vom Acker machen!«

»Ja«, Karl blickte sich um, »ich bin auch der Meinung, dass wir allmählich aufbrechen sollten, denn mir geht es ähnlich wie dir.

Vielleicht hätten wir die Angebote der Einheimischen doch annehmen sollen und wären unter ein Schilfdach gezogen.

Aber nun ist es zu spät und auch egal.

Auf geht's, Leute, kommt, wir gehen an Bord!«

Langsam, mit äußerst vorsichtigen Bewegungen zogen sich die vier ihre leichte Kleidung über, immer darauf bedacht, so wenig wie möglich die arg strapazierte Haut zu berühren.

Ruhig, mit wohldosierten Bewegungen gingen sie langsam den Weg vom Strand, der von riesigen Kakteen gesäumt wurde, zurück, allerdings hatten sie für die außergewöhnliche Natur nicht mehr den rechten Blick. Sie suchten den Platz, wo sie das Taxi am Vormittag abgesetzt hatte, in der Hoffnung, auch hier vielleicht wieder eins anzutreffen.

Leider nein, aber auf halbem Wege zum Schiff pickte sie ein Taxi auf.

Wir stehen so verklemmt, weil wir zu diesem Zeitpunkt schon 5-Mark-Stück große Blasen von unserem Sonnenbrand hatten. Von links: Karl, ich selbst und der lange Ludwig.

An Bord angekommen duschten sie alle erst einmal kalt. Obwohl: So eiskalt war das Frischwasser allerdings auch nicht. Hinterher beim Abtrocknen der malträtierten Haut gingen sie äußerst vorsichtig zu Werke und tupften sie nur leicht ab.

Nun waren die harten Kerle auf einmal ganz ruhig und kleinlaut.

Am frühen Abend sahen Fiete, Ludwig, Ylmaz und Karl dann zum ersten Mal die ganzen Auswirkungen ihres absolut übertriebenen Sonnenbades am Strand von Puerto Cabello.

Fiete hatte auf seiner Glatze einige 5-Mark-Stück große und mehrere kleinere Brandblasen, die hoch aufgequollen und mit Wasser gefüllt waren. Seine Schulterpartie und der gesamte obere Rückenteil waren ebenfalls mit Blasen übersät.

Die vier betrachteten gegenseitig ihre arg strapazierten Hautpartien. Dabei fühlte sich ihr Befinden alles andere als gut an. Hinzu kam noch, dass sie die Nacht wohl im Stehen oder bäuchlings in der Koje liegend verbringen mussten. Ansonsten wurden sie durch das Schwitzen bei den tropischen Temperaturen zu einer Made im eigenen Saft, denn eine Klimaanlage gab es auf der »Marie« ja nicht.

Ein Arbeitsschiff ist schließlich auch kein Luxusliner.

Der Ostermontag schien ein total ruhiger, relaxter Tag zu werden.

Die Jungs leckten sich die Wunden – im wahrsten Sinne des Wortes – und Schattenplätze standen hoch im Kurs, und sie hatten auch keine Ambitionen zu irgendwelchen überzogenen Aktionen. Aber dann erschien der Koch auf dem Achterdeck. Unter dem linken Auge hatte er einen kleinen Cut und sein Toupet musste ihm offensichtlich abhandengekommen sein, denn seine stoppelige Glatze glänzte hell in der Sonne, unterbrochen von kleinen, freien Bahnen, wo vorher wohl die Toupethaftstreifen gesessen haben mussten.

»Jungs«, begann er ganz aufgeregt und fuhr sich dabei immer mal wieder mit der Hand über seine Glatze, »das muss ich euch erzählen, was diese Malakkenkrieger gestern Abend am Gate mit mir gemacht haben!«

Alle auf dem Achterdeck Anwesenden – und das war beinahe die gesamte Decks- und Maschinencrew – blickten zwar zum Koch auf, zeigten aber nur mäßiges Interesse an seiner Geschichte.

Fiete zündete sich gelassen einen Glimmstängel an und nahm einen ordentlichen Schluck aus seiner eiskalten Bierflasche, dabei machte er es sich so bequem, wie es eben ging, wobei ihm seine Brandblasen einen kleinen Streich spielten. Außerdem war es immer noch unerträglich heiß.

»Also, wie soll ich beginnen?« Der Koch, nun im Mittelpunkt, zierte sich wie eine alte Jungfer.

Der Lange sah ihn überaus gereizt an und meinte flotzig: »Entweder fängst du jetzt an oder machst einen Abgang und lässt uns unsere Ruhe!«

Aus dem Hintergrund meldete sich etwas unflätig einer der Spanier: »No habla bujarrón!«

Was wohl so viel heißen sollte wie: »Nicht reden, Schwuli!«

Das hatte der Koch wohl gebraucht, und nun begann er auch unverzüglich: »Also, wie schon erwähnt, ich komme gut gelaunt vom Landgang zurück, leicht angeschickert. Ich komme zum Tor, wo drei, vier von diesen bewaffneten Halbaffen rumhängen und mich blöd angrinsen.

Der wahrscheinlich ranghöchste Soldat dieser Gruppe, von gedrungener Gestalt, mit einem fürchterlich teigigen, aufgequollenen Gesicht und darüber so abartig fettigem, schwarzem Haar, als hätte er eine komplette Flasche Olivenöl darüber entleert und schlecht einmassiert.

Dieser Typ zeigt mit dem fetten Zeigefinger auf meine Brust, stoppt mich.

›Hola senor, dinero? Coins? Gib mir deine kleine Geld‹, radebrechte er und sein Genuschel war wirklich sehr schlecht zu verstehen.

Ich hatte natürlich keinen Bock, diesem Menschen auch nur einen einzigen Cent auszuhändigen. Dementsprechend war dann auch meine Reaktion. Nachdrücklich schüttelte ich verneinend meinen Kopf und versuchte ihm zu erklären, dass ich mein gesamtes Geld an Land ausgegeben hätte.

Ihr glaubt es nicht, was dann passierte: Blitzschnell fuhr sein Zeigefinger unter das Armband meiner Uhr, ein kurzer, kräftiger Ruck, und bevor ich mich versah, geht der Stift am Gehäuse meiner Armbanduhr flöten, und die Uhr fällt zu Boden.

Es schoss mir augenblicklich wie ein Blitz durch den Schädel: ›Koch, wenn du jetzt nicht sofort etwas unternimmst, hast du hier verloren, aber deftig.‹

Ich ging in die Knie, ich nehme an, sie vermuteten, dass ich meine Uhr aufheben würde, aber die war mir zu diesem Zeitpunkt beinahe egal. Ich griff mir meine hölzernen Klapperlatschen samt der am Boden liegenden

Uhr, kam sehr schnell hoch, und da wollte dieser aggressive Uniformierte mich doch tatsächlich an meinen Haaren festhalten. Seine fette Hand krallte sich förmlich in mein Haar, aber ein kurzer Ruck, die Toupethaftstreifen hatten sich mitsamt dem Toupet von meiner Kopfhaut gelöst, ich rannte, die Uhr sowie die Holzlatschen in den Händen haltend, nun barhäuptig und barfuß, so schnell mich meine Füße trugen, zu unserem im Dunkeln liegenden Dampfer.

Dieser verfluchte Soldat war so erstaunt darüber, plötzlich meinen Skalp in den Händen zu halten, dass er eine sofortige Verfolgung vollkommen außer Acht ließ.«

Nun musste er sich erst einmal setzen und einen großen Schluck aus seiner Bierflasche nehmen.

»Na, Koch, jetzt siehst du ohne dein Verdeck aber auch nicht so viel hübscher aus! Wirklich, wie so ′n richtiger kleiner Stoppelkopp.

Du kannst dich richtig glücklich schätzen, dass die Jungs dich nicht gekrallt haben, die hätten dich bestimmt lang gemacht. Wie kann man hier allein an Land gehen? Fährst du eigentlich den ersten Tag zur See?«

Im Hintergrund lachten die ausländischen Seeleute einfach nur hämisch und hielten mit ihrer Meinung gegenüber dem Koch auch nicht hinter dem Berg. Sie verabscheuten ihn total und akzeptierten ihn wegen seiner Neigung nicht.

»Oh, Cookie, armer Cookie, nun wird dich keine Pupe mehr lieben.«

Und so ging es eine ganze Weile weiter, bis Fiete aufstand und ein Machtwort sprach.

»Jetzt haltet endlich eure Schandmäuler und verpisst euch! Das ist ja einfach nicht mehr zum Aushalten mit euch!«

Daraufhin trat Ruhe ein auf dem Achterdeck der »Marie Reith« . Nur die tropischen Temperaturen machten keine Pause, obwohl sich der Tag schon dem Abend zuneigte.

Südamerika, Amazonas

Dienstagmorgen in der Frühe, Luken auf, Löschbeginn.

Nach dem Öffnen der Luken machte sich sofort wieder ein fürchterlicher Gestank über dem Schiff breit. Angeekelt rümpften alle Anwesenden die Nase.

Die Agentur hatte aber schon vorgesorgt und einige sehr kompetente Vertreter ihrer Zunft an Bord beordert: Versicherungsvertreter, Sachverständige, Manager des Empfängers und andere mehr.

Auf der »Marie« wuselten also allerhand Spezialisten an diesem Morgen herum.

Alle diese intelligenten Menschen kamen nach einigen Stunden des Beratens und der verschiedenartigsten Prüfungen zu einem endgültigen Befund: Sie erklärten die Ladung zu einem Versicherungsschaden, da die Kartoffeln allesamt verdorben waren.

Am Nachmittag rückten dann Lastkraftwagen mit Kübeln an. Diese Kübel sahen aus wie heute die sogenannten Open-Top-Container für Bulkladung oder sperriges Stückgut.

Bei den Kränen hatte man bereits mittags damit begonnen, die Ladehaken zu entfernen und auf Greifer umzurüsten.

Dann begannen die Hafenarbeiter damit, die verfrorenen Kartoffeln zu löschen. Es dauerte schon etliche Stunden, bis sie sich einige Meter in die Luken hineingearbeitet hatten. Als sie circa die Hälfte der vergammelten Kartoffelkisten gelöscht hatten, sah die Ladung langsam etwas besser aus.

Trotzdem lief aus den Kisten immer noch eine undefinierbare Flüssigkeit.

Die Hafenarbeiter begannen nun doch, mit Paletten zu arbeiten. Sie stapelten die Kartoffelkisten darauf. So setzte sich die Arbeit erst einmal fort.

Die seltsamen, unangenehmen Gerüche aus der Luke hatten sich aber noch nicht verändert.

Für Fiete war es im Augenblick wirklich nicht sehr angenehm, sich bei der Arbeit in der tropischen Hitze ordentlich zu bewegen. Der Sonnenbrand machte ihm schon arg zu schaffen. Den anderen dreien in der Maschine ging es aber noch etwas schlechter, denn die Temperaturen im Fettkeller wirkten sich wesentlich stärker auf ihre arg geschundene Haut aus als die Hitze an Deck. Deshalb verwunderte es auch niemanden, dass sie sehr oft – jedenfalls öfter als normal – am Kujampelwasser in der Pantry oder bei einem heimlichen Smoke an Deck gesehen wurden.

Nach zwei unendlich langen Tagen war endlich der Gestank der verdorbenen Ladung so gut wie verschwunden, denn sie war bis zur Gänze gelöscht. Nur noch Matsch und eine übel riechende Brühe bedeckten die Bugdielen des Unterraums. Alles schwappte leicht hin und her, denn die »Marie« befand sich schon wieder auf See mit neuer Order.

Die Luken konnten bei dem guten Wetter aufgefahren werden; Deckwaschschläuche hingen über das Lukensüll und reichten bis in die Unterräume.

Fiete befand sich mit Ahmed in Luke zwei. Einer versuchte mit dem Strahlrohr des Feuerlöschschlauches und der andere mit dem Besen die stinkende Brühe und die verbliebenen Reste der verdorbenen Ladung in die Bilge zu befördern.

»Ahmed, gib mal ein bisschen Gas, du kannst den Besen ruhig etwas kräftiger bewegen, der beißt dich nicht!

Sieh endlich zu, dass der ganze Scheiß in der Bilge verschwindet!«

Dazu hatten sie an Back- und Steuerbord einige kurze Stücken der Bugdielen über der Bilge angehoben, damit der Mud besser abfließen konnte. Allerdings musste Ahmed von Zeit zu Zeit mit dem Besen über die Saugköpfe in der Bilge fegen, damit sie sich nicht zusetzten. Danach lutschten die Pumpen meistens wieder mit voller Leistung.

»Weißen du was, Fiete«, begann Ahmed langsam, während er immer weiter mit seinem Piassava-Besen irgendwie unkontrolliert auf den Bugdielen herumarbeitete, »wenn du mi imme anschreie un alles besser wisse, dann gehen Arbeit au nich schnelle voran!«

Ahmed wirkte im Augenblick richtiggehend aufgeregt, man könnte sagen, etwas wütend.

»Mannomann, nun stell dich man nicht so mimosenhaft an, oder bist du eine Muschi?«

Auf diese Äußerung von Fiete ging Ahmed nicht ein.

Ahmed hatte seinem Namen mal wieder alle Ehre gemacht, aus dem Arabischen übersetzt heißt er nämlich »der Gebildete«.

»Du, Fiete, bist du schon gewesen Amazonas?«

Ahmed versuchte nun ganz geschickt das Thema zu wechseln.

»Unse neu Order lauten ja Ladehafen Santarém, Para. Die feine Holz die da laden für USA, eine Hafe an die Ostküste, heiße glaube Newport News?«

»Du bist echt ein Spacken«, Fiete musste unwillkürlich grinsen, »das hat der Erste doch alles erzählt, als du danebengestanden hast, du Clown.

Und um deine Frage zu beantworten: Nein, ich war noch nie in Brasie-Land.«

»Glaub mi, ick wa hi schon male einige, es is super, supersoft. Da kann du, wie sagt ihr Deutsche, gut poppen, alles fü nen Appel mit Ei.

Die Mädel hi in tiefste Busch könne zwar gut Liebe mache, aber sind sie nich so auf Kohle aus, mehr auf de normale Sache, weißt du? Seife, Champoo, Zahnpaste, Magazine mit viel bunt Bilder und so weiteres.

Dafür gebe sie di eine wunderschönste Tag.«

»Das kann doch wohl nicht wahr sein, hab ich aus deinem Kauderwelsch jetzt herausgehört, dass hier das Paradies von Hein Seemann ist? Oder willst du mich vielleicht verarschen?«

»Dat schwör ick di nackend in deine Hände, du wirst es selber erlebe!

Die Landgang hi bei de Holzfällercamp sin schon was Besonders, wie ihr sagt? Eine Nummer für sich. Wirklich, es ist die Wahrheit, bei Allah.

Und du brauchen auch kein Angst, Frauen nich krank, gehen imme mit an Schiff dutsche und dann est in Kammer!«

»*Welch ein Deutsch, nun fährt der Kerl schon so lange unter deutscher Flagge und man kann ihn kaum verstehen, einfach grauslich!*«

»Na, dann werd ich mich mal richtig überraschen lassen von den Damen!

So, hier sieht jetzt ja alles wieder ganz passabel aus, die Luke ist schön sauber.

Ahmed, grabbel du man noch die Holzreste aus den Bilgen und kontrolliere die Saugkörbe, ob sie auch wirklich frei sind. Ich geh schon mal nach oben und zieh dann das Werkzeug, den Schlauch und die Pütz mit dem restlichen Müll hoch.

Mit Chance sind die Jungs ja auch schon mit Luke eins durch.«

Fiete kletterte die Raumleiter hoch und drehte das Wasser ab, danach hievte er alles an Deck.

Abends auf Wache druckste Fiete erst eine ganze Weile herum, sprach dann aber doch den Ersten Offizier an, weil ihm schon den ganzen Tag eine Frage im Kopf herumspukte.

Neugierig blickte der Erste in Fietes Richtung, während allmählich die Dunkelheit des frühen Abends hereinbrach.

»Na, dann vertell mi mol, wat du so oppen Harten hest!«

»Tja, ich weiß nicht so recht, wie ich es sagen soll, aber ich möchte in Santarém, am Holzfällercamp oder der Holzmühle, egal, dort, wo wir die Edelhölzer laden werden, einen freien Tag haben.«

So, nun war es raus.

Das erstaunte Gesicht des Ersten Offiziers war in der Dunkelheit, die nun auf der Brücke herrschte, schon beinahe zum Greifen nah, ganz in Fietes Nähe.

»Was willst du denn mitten im brasilianischen Dschungel mit einem freien Tag?«

»Ich möchte einen Tagesausflug machen in den echten, ursprünglichen Dschungel, um mir mal das undurchdringliche Dickicht zu besehen und alles andere, was es da so gibt. Wer weiß, wann sich wieder einmal die Chance ergibt, wenn überhaupt.«

»Okay, von mir aus kannst du den freien Tag nehmen, aber du gehst auf keinen Fall allein, das läuft nicht.«

»Gut, dann werde ich Garcia, meinen Kammerkollegen, fragen, ob er mich begleiten würde. Ich könnte mir gut vorstellen, dass er nicht abgeneigt ist. Er könnte einen freien Tag auch gut gebrauchen.«

Der Erste konnte sich eine laute Antwort gerade noch verkneifen.

»Menschenskinder, war doch gerade erst Ostern, da hattet ihr doch auch alle frei.«

»Ach so«, meinte er stattdessen nur lang gezogen. »Apropos frei! Was macht denn der Sonnenbrand oder besser gesagt die Nachwehen! Kommst du langsam wieder klar?«

Es umgab sie eine wunderbare, laue Tropennacht, wie geschaffen zum Schnacken. Über ihnen glitzerten und gleißten die Sterne der südlichen Hemisphäre. Sehr gut zu erkennen war bereits das Kreuz des Südens. Eine leichte Brise wehte durch das Steuerhaus und hielt die angenehme Tropenluft in Bewegung.

Fiete blickte in Richtung des Ersten, aber der war im spärlichen Licht der Sterne nur schemenhaft zu erkennen.

»Ja, Herr K…, das wird schon wieder. Die Wasserbläschen sind aufgestochen und ausgetrocknet, die jucken natürlich ab und an höllisch.

Wissen Sie, die erste Nacht, die zum Ostermontag, Mannomann, das war wirklich nicht so prickelnd. Ich hoffe, solch einen Fehler nicht noch einmal zu machen.

Aber selber schuld, nej. Wir hätten das Angebot der Einheimischen ja nicht so übervorsichtig ausschlagen müssen. Leider waren wir ja wieder einmal zu schlau.«

»Da hattet ihr Dussel tatsächlich sehr viel Dusel gehabt, das hätte auch noch ganz anders kommen können«, murmelte der Erste so vor sich hin mit seiner heiseren Stimme, um sich dann wieder etwas lauter direkt an Fiete zu wenden.

»Geh nun man runter zum Wecken, es ist schon wieder so weit.«

Und die Sterne strahlten weiterhin hell am südlichen Firmament.

Am nächsten Morgen waren all hands an Deck, also die komplette Deckscrew. Es war Zutörnen angesagt. Manche murrten nach der nicht stattgefundenen Guthabenauszahlung in Puerto Cabello, aber letztendlich lockte doch das Geld für die Überstunden, irgendwann mussten sie ja mal ausbezahlt werden.

Drei Mann sollten die Leit- und Ladeblöcke überholen und legten richtig gut los. Die Rost-Raddel-Daddel-Mennige-Gang machte dort weiter, wo sie zuletzt gestoppt hatten.

Sidi, Sabri und Manuel waren super in Form, auch nicht weiter verwunderlich bei so warmen, tropischen Temperaturen und Sonnenschein.

Hinzu kam, dass sich die »Marie« dem Äquator mit Riesenschritten näherte.

Hier ein Leitblock, fest am Lümmellager des Ladebaumes

Nur Fiete hatte sich etwas bedeckt und verfuhr im Moment etwas vorsichtiger mit dem Genuss der Sonnenstrahlen.

Bei Sidi und den anderen beiden nahm die Arbeit schon fast sportliche Züge an.

Fiete begab sich mit Ahmed und Garcia zu Luke eins, und dort begannen sie mit dem Einfieren der Runner.

Nachdem die Runner Vor- und Achterkante Luke eins von den Windentrommeln abgelaufen waren, ging alles recht flott voran. Einen sehr wichtigen Teil trug das Wetter dazu bei: ruhige See, wenig Wind und Schiffsbewegungen so gut wie auf null. Und so konnten die Blöcke nach der Demontage vom Ladebaum auf den Windendecks beziehungsweise auf dem Herftstück abgelegt werden.

Die Ladeblöcke waren etwas besser zu bearbeiten als die Leitblöcke auf den Windendecks, lagen sie doch letztendlich auf den Lukendeckeln. Fiete, Ahmed oder Garcia standen auf dem Hauptdeck und hatten sie dadurch wie auf einem Arbeitstisch vor sich liegen.

Was wirklich einen großen Vorteil beinhaltete: Keines der Teile, ob Mittelbolzen, Scheibe, Sicherheitsschrauben, Sicherheitsplättchen, war so festgegammelt oder verrostet, dass es mit roher Gewalt und viel Aufwand aus seiner alten Position gelöst werden musste.

Das Lager der Scheibe und der Mittelbolzen wurden mit superfeinem Ölschleifpapier bearbeitet, um eventuelle Rostpartikel oder kleinere Beschädigungen zu beseitigen und den Leichtlauf der Scheibe im Block weiterhin zu garantieren.

Hinterher wurden die Teile äußerst penibel mit Dieselöl gereinigt und mit Putzlappen trocken gerieben.

Anschließend wurden alle beweglichen Teile gründlich mit Stauerfett versorgt, sämtliche Schmiervorrichtungen durchgepresst und die Blöcke auf ihre reibungslose Funktion überprüft, ebenso die Wabel der Lade- und Leitblöcke.

Ahmed blickte Fiete an und meinte nur ganz beiläufig, weil die Arbeiten ihnen so gut von der Hand gingen: »Mensch, Fiete, wi hätte doch besse au gleich Hangarblöcke mit gemachen, eine Abwasch, oder?«

»Nee, Ahmed, lass man stecken, ist ja gut gemeint, aber das schaffen wir dann zeitlich doch nicht mehr bis Santarém.

Da musst du mindestens einen Mann im Mast haben und zwei unten an der Winsch.

Wir wollen versuchen, das auf der Holzreise von Santarém nach Newport News einzuplanen. Die Hauptsache ist natürlich das Wetter, es muss mitspielen und darf uns keinen Strich durch die Rechnung machen! Verstehst du?

Und dann kommt allerdings auch wieder deine Lieblingsbeschäftigung zum Tragen.«

Der Ladeblock, befestigt an der Baumnock, und der Schäkel, durch einen Musing gesichert

Ahmeds Augen wurden groß wie Untertassen.

»LABSALBEN! Wir werden uns dann das komplette stehende und laufende Gut vornehmen.«

»Ach du dicke Scheiße, das können ja no richt lustig werde!«

»Genau, ich freue mich schon, wenn du dich im Selbstfierer den Hangar hinabarbeitest, mit dem Twistlappen und dem Eimer Labsalbe.«

Fiete hatte im Augenblick ein richtiggehend hämisches Grinsen im Gesicht.

»Fiete«, und Ahmed machte sich richtig gerade, »ich glauben, du wissen nich, Selbstfierer in Bootsmannstuhl sein verboten!«

Ahmed grinste Fiete vollkommen zufrieden und von seinen Worten voll und ganz überzeugt über sein von einigen Öl- und Fettresten gezeichnetes Gesicht an.

»Weißt du was, mein Süßer! Du kannst mich mal ganz kräftig, da wo keine Sonne scheint!«

Ahmed nickte nur ganz beiläufig, so als wüsste er, was nun folgte.

»Siehst du, ich habe es doch gewusst, du kennst dich aus.

Und das Ding mit dem Selbstfierer, da sprechen wir noch drüber, wenn es so weit ist, claro?«

Ahmed grinste weiter vor sich hin.

»So, dann lasst uns man zusehen, damit hier mal etwas aus dem Knick kommen und den restlichen Scheiß wieder ordentlich zusammenklatschen.

So gegen 17:00 Uhr heute Nachmittag sollen wir den Lotsen übernehmen und morgen früh in Santarém an der Holzmühle sein.«

So geschah es dann auch, am späten Nachmittag erklomm der Lotse die »Marie Reith«, und im Morgengrauen des folgenden Tages lief sie mit ihrer Crew in die Mündung des Rio Tapajós, des Flusses, ein, an dem **Santarém** lag. **2° 24′ 52.49″ Süd / 54° 44′ 15.71″ West**

Der Rio Tapajós mündete hier in den gewaltigen Amazonas-Strom.

Die Rampe der lagernden Holzstämme war zum Fluss hin zu einer simplen Pier umgearbeitet worden. Scheinbar funktionierte es, na ja, man würde es ja sehen.

Nach dem Festmachen erledigten alle ihre routinemäßigen Arbeiten: ladeklar machen.

Kräne gab es hier im Busch natürlich nicht, wie konnte es auch anders sein.

Allerdings sollte sich das Gewicht der Stämme in der Norm bewegen, sodass sie glücklicherweise das Schwergutgeschirr nicht auftakeln mussten.

Nachdem das komplette Geschirr gerigt war, ging Fiete für einen kurzen Augenblick an Land, um sich ein wenig umzusehen. Da gerade Smoke Time war, hatte auch niemand etwas einzuwenden.

Er hatte im Hinterkopf schon eine perfekte Idee, wie er die anstehende Shore Time gestalten wollte.

Er bog um die Ecke eines großen Holzstapels und stand ganz plötzlich vor einer ziemlich altersschwach wirkenden Hütte, auf deren Veranda einige reifere Mädel herumlungerten. Als sie Fiete erblickt hatten, wurden sie richtig hektisch, verließen sofort ihre Ruheposition, und alle Gesichter schalteten auf Freundlichanbiedern. Sie kamen auf Fiete zu und umgarnten ihn, den schlanken blonden norddeutschen Bengel.

Alle plapperten auf Portugiesisch durcheinander, und Fiete verstand nicht ein Wort, auch wenn dabei einige Bewegungen waren, die äußerst eindeutig und anzüglich waren.

Ein Mädel, so circa 1,65 Meter groß und schlank, stach Fiete besonders ins Auge, und er versuchte, seine ersten spanischen Brocken, die er mittlerweile von Garcia und Manuel während der Reise gelernt hatte, hier an die Frau zu bringen.

»Hola, Chica!« Auf einmal verstummten die Plappermäuler der umherschleichenden leichten Mädchen, um die es sich zweifelsohne handelte.

»Hola«, wiederholte Fiete nun sein »Hallo« und sprach dabei direkt die Kleine an, die ihm so ausnehmend gut gefiel. Er brauchte sich auch gar nicht großartig ins Zeug legen, das erledigte sie schon ganz für sich allein.

Plötzlich sprang ihm ein kleiner Junge vor die Füße und der versuchte nun auch noch einmal, das Mädel anzupreisen.

»Hola, Alemano, do you like focky focky? Very nice girl, very clean, very cheap! Never use bevor!"

Fiete musste lauthals lachen. Na, dann war ja alles klar.

Nun war Fiete an der Reihe, und er versuchte ihr, weil sie schon dauernd an ihm zog und zerrte, klarzumachen, dass er noch den Tag über arbeiten müsse. Er schob ihr ein kleines Bündel Bolivares-Farbengeld zu, um sich ihrer zu versichern.

Sie sollte in oder bei der Hütte bleiben, die, wie sich herausstellte, zu einem Drittel Puff, zum zweiten Store und zum dritten Kneipe war.

Fiete versuchte ihr zu erklären, dass er sie am späten Nachmittag abholen würde und sie versicherte ihm auf ihre Art, dass sie ihn verstanden hatte und auf ihn warten würde.

Ihr Name war, wie sie steif und fest behauptete, Leticia. Das musste sie ihm unbedingt mitteilen!

Nachdem alles für Fiete geklärt war, ging er zügig zurück an Bord. Dort wurde er schon sehnsüchtig vom Ersten Offizier, Herrn K..., erwartet.

»Na, wo warst du denn so lange? Hast du so viel Druck gehabt, dass du erst mal um die Ecken musstest?«

Fiete schüttelte wortlos den Kopf, was der Erste als Verneinung deutete, was ja auch gut war, und beließ es dabei.

»Hör zu, ihr macht hier heute beim Ladebetrieb keinen großen Film, verteilt euch, alle Mann auf Stand-by an Deck. Wahrscheinlich müssen wir zwischendurch immer mal etwas voraus oder achteraus verholen, damit die Stauer mit dem Ladegeschirr immer an ihre Basis mit den Stämmen herankommen. Es kann natürlich auch sein, dass der Stauer das Geschirr noch anders geriggt haben möchte.

Wir müssen also ständig auf dem Quivive sein, um keine Zeit zu verlieren.«

»Jo, Herr K..., das geht schon klar, ich werde die Jungs gleich impfen, aber ein lauer Job wird das sicherlich nicht.«

»Ach so, noch etwas! Sobald ihr Luft habt, Ketten, Spannschrauben, Drähte und so weiter für die Deckslast ...!«

Fiete hatte ihn etwas unhöflich unterbrochen: »Das war doch klar!«

»Ach, Fiete, ich hätte dann noch etwas, zu guter Letzt!«

»*Gott bewahre, hört er denn heute Morgen überhaupt nicht mehr auf zu sabbeln?*«

»Die Hafenarbeiter arbeiten hier nur bis zum Einbruch der Dämmerung, bei Dunkelheit ist Ausscheiden.

Die Luken bleiben auf, alles klar so weit?«

Fragend sah der Erste Fiete an.

»Alles gebongt, geht alles seinen Gang. Bitte denken Sie daran, dass Garcia und ich morgen beide einen freien Tag haben.

Sidi, so hatte ich gedacht, ist fähig genug, um morgen hier alles einigermaßen zu regeln und in der Hand zu behalten.«

Der Erste nahm abrupt eine absolute Abwehrhaltung ein, und Fiete reagierte blitzschnell.

»Alles gut, alles in Ihrer Hand!«

»Genauso sieht es aus. Nun aber los, instruier die Leute. Sieh zu, dass sie in die Gänge kommen.«

Der Erste drehte sich um und verschwand nach achtern in den Aufbauten.

Fiete wendete sich an die fünf wartenden Seeleute der Decksbesatzung und gab seine Orders weiter.

Als sich alle schon auf die Socken gemacht hatten, blieb Sidi noch einen Augenblick bei Fiete stehen.

»Und denk dran, mein Lieber, bei dieser Hitze ist Kujampelwasser besser als Bier. Du willst doch sicherlich noch poppen heute Abend, und zu viel Bier ist in diesem Fall wie Terpentinverdünnung, es macht den Pinsel weich. Egal, wie du es betrachtest.«

Fiete schaute ihn nur ungläubig an, wollte sich aber Sidis Rat durch den Kopf gehen lassen.

Die tropische Nacht kam irgendwie schneller, als Fiete es erwartet hatte. Die Zikaden setzten ein, sie zirpten, und alle anderen nachtaktiven Tiere in der Umgebung stimmten in ihr Konzert mit ein. Eine beeindruckende, aber ganz neue Geräuschkulisse hatte sich um die Seeleute herum aufgebaut.

Ausscheiden!

Fiete hatte sich unter der Dusche frisch gemacht und ging mit Sidi und Manuel an Land.

In der Holzhütte, sozusagen im Zentrum der Holzmühle, tobte das wahre Leben. Irgendwo lief ein Tangodiesel auf voller Lautstärke und schmetterte die letzten brasilianischen Hits unter das Hüttendach, wobei alle anwesenden Einheimischen, Arbeiter und leichte Mädchen, im Rhythmus der Melodien ihre Oberkörper hin und her bewegten. Der Rum Cachaça floss reichlich, und etliche der Damen sowie auch der Arbeiter der Holzmühle waren schon am Rande ihrer Möglichkeiten angelangt.

Die drei Besatzungsmitglieder der »Marie« betraten die Kaschemme. Die schlechte Beleuchtung tauchte alles und jedes in ein schummriges, unwirkliches Licht.

Fiete hatte knapp zwei Schritte in das Bumslokal hineingetan, da hing ihm auch schon die kleine, quirlige schokofarbene Leticia am Hals. Mit ihren kräftigen Beinen umklammerte sie ihn, wobei er beinahe gegen Sidi gefallen wäre.

Ganz sanft, dafür aber sehr bestimmt, befreite er sich erst einmal aus der Umklammerung, dann nahm er sie in seine Arme und gab ihr einen langen, innigen, liebevollen Kuss. Sie verdrehte beinahe vor Entzücken die Augen.

Wusste er doch schon so viel über die brasilianischen Frauen: Auch wenn sie sich bezahlen ließen, machten sie doch den Liebeskasper. Für die Liegezeit gab es immer nur die »EINE«, ansonsten konnte man sein blaues Wunder erleben, im wahrsten Sinne des Wortes.

Leticia schmiegte sich ganz eng an Fiete und machte schon ein klein wenig Stimmung, indem sie ihren Unterleib kraftvoll gegen Fietes presste und sich dabei leicht hin und her bewegte.

Und er merkte augenblicklich, dass sie beide doch schon etwas erregt waren. Er spürte ihre prallen jugendlichen Brüste und die hart aufgerichteten Brustwarzen sehr gut durch ihre dünne Bluse und sein leichtes Oberhemd auf seiner sonnengebräunten Haut. Der Kranz seiner strohblonden, lang herabhängenden Haare strahlte auch noch hier im Halbdunkel der Kneipe.

»We go now?«, hauchte Leticia Fiete ihre englischen Worte fragend ins Ohr.

»No, noch eine Minute, für einen Drink, okay?«

Fiete sah sie mehr bestimmend, denn fragend an.

Sie lächelte in sich hinein: »Okay! Okay!«

Alles klar, Fiete bestellte für sie und sich noch einen Drink. Um sie herum tobte das lärmende Nachtleben der Kneipe und des Camps.

Einige Zeit später, die ausgetauschten Zärtlichkeiten waren zuweilen schon sehr zielgerichtet und nahmen allmählich doch sehr stark zu, erhob sich Fiete von seinem Barhocker und meinte nur zu ihr: »Let´s go!«

Augenblicklich stand Leticia auf ihren kleinen, zarten Füßen, diese steckten in leichten Badelatschen, und ging neben Fiete her zum Ausgang der Kneipe, wobei die Sägespäne, die den kompletten Boden bedeckten, bei jedem ihrer Schritte kleine Staubwolken aufwirbeln ließen.

Etwas später hatten die beiden die Gangway der »Marie« erreicht, und so, wie Fiete es mit Garcia abgesprochen hatte, war es dann auch: Die Kammer war leer.

Einsam drehten die Flügel des Miefquirls ihre Runden, in einer der Ecken der Kammer angebaut versuchte er, die sehr feuchte, warme Luft umzuwälzen.

Schnell hatten sie sich der wenigen leichten Textilien, die sie am Körper trugen, entledigt, und ab ging es in die Koje.

Leticia hatte eine überaus sehenswerte und super proportionierte Figur, alles, wonach sich Hein Seemann alle zehn Finger ableckte.

Bevor es überhaupt zu irgendwelchen sexuellen Aktivitäten kam, glänzten die beiden nackten Körper bereits aufgrund der in der Kammer vorherrschenden Temperaturen vollkommen vor Schweiß.

Und das hatte Fiete selbstverständlich nicht erwartet: Bevor er endlich zur Tat schreiten konnte, fühlte er sich schon wie die Made im eigenen Saft.

Die Außentemperaturen lagen immer noch locker bei 29 Grad und circa 90 Prozent Luftfeuchtigkeit. Da fängt der Kreislauf langsam an, am Limit zu arbeiten.

Aber ihr machte das scheinbar alles nichts aus, sie lächelte immer und war augenscheinlich glücklich.

Fiete und Leticia hatten ihren ersten Liebesakt vollzogen und danach kalt geduscht, was herrlich erfrischend war. Danach legten sie sich wieder in die Koje und kuschelten noch etwas miteinander, ein Küsschen hier, ein sanfter Kuss auf die harten Brustwarzen, sie kraulte Fiete mit wachsender Begeisterung im Genitalbereich, was natürlich nicht ohne Folgen blieb: Sein Glied richtete sich augenblicklich wieder auf. Zärtlich liebkoste Fiete Leticias Brüste und Bauchdecke, dabei wanderte seine Hand immer tiefer, bis er ihre Scham erreicht hatte, und dann konnte auch keiner mehr an sich halten. Fiete lag auf dem Rücken, und sie setzte sich auf ihn, womit der nächste, feurige Ritt begann, bis beide von einem wahnsinnigen, nicht enden wollenden Orgasmus erlöst wurden.

Schwer atmend, schweißüberströmt und kaum zu einem vernünftigen Wort fähig lagen sie beide total fertig nebeneinander auf dem nun von ihrem Schweiß durchtränkten Bettlaken in Fietes Koje.

Aber all das war ihnen im Augenblick egal. Irgendwann raffte sich Fiete auf, griff sich seine Zigarettenschachtel und zündete sich erst mal eine Zigarette an. Da er schon auf der Backskiste saß, öffnete er auch gleich noch ein fast kühles Bier und trank einen mächtig großen Schluck aus der Flasche.

Grinsend blickte er zu Leticia hoch, die noch in der Koje verweilte, lächelte sie fröhlich an und meinte nur: »Siehst du, meine Süße, das war's!«

Ob sie ihn verstand oder nicht, das war ihm im Moment schietegal.

Sie reckten ihre Knochen und gingen noch einmal Richtung Dusche, um sich danach dann wieder etwas landfein zu machen. Die Show war vorüber.

Nun ging es ans Bezahlen. Ein paar Bolivares hatte er ihr ja bereits als eine Art Vorschuss gegeben.

Sie sah sich suchend in seiner Kammer um und deutete auf zwei ältere Zeitschriften mit leichten Gebrauchsspuren. Weiter ging ihre Suche, und dann machte sie eine Geste wie Haarewaschen und das Duschgel wechselte sofort den Besitzer.

Anschließend noch einige Stücke Kernseife, sonst nur nötig für die Zeugwäsche.

Fiete blickte Leticia freundlich lächelnd an: »Do you need some money?«

Sie schüttelte verneinend ihr hübsches Haupt, wobei ihre tiefschwarzen Locken hin und her wirbelten und radebrechte: Es war schön, aber es ist genug, mehr möchte sie nicht.

Fiete gab ihr aber dennoch eine drei viertel volle Großpackung mit Waschmittel. Da leuchteten ihre dunkelbraunen Augen noch einmal richtig dankbar auf.

Danach gingen sie von Bord, Arm in Arm wie zwei gute Freunde.

An Land war sie dann auf einmal ganz schnell verschwunden, und Fiete ging zurück in die Kaschemme, wo immer noch der Tangodiesel mit unverminderter Lautstärke seine Ohrwürmer durch die Räume brüllte auf die Gefahr hin, dass alle einen Gehörsturz erlitten.

Er fand die Jungs und bestellte sich noch eine ordentliche Mischung Cachaça inklusive Verdünnung. Aber irgendwie roch der Stoff merkwürdig.

An die Popperei hier im brasilianischen Busch war er zuerst mit sehr gemischten Gefühlen herangegangen, doch alle Achtung, das war dann schon recht nett gewesen und äußerst günstig. Das konnte man nun nicht anders sagen.

Am nächsten Morgen Frühstück in der Mannschaftsmesse und wieder sein Erster Offizier. Er gab bekannt, dass sich Fiete und Garcia einen freien Tag genommen hätten, um den Dschungel zu erkunden, was natürlich alle Herumsitzenden schon wussten. Trotzdem gab es lautes, erheiterndes Gelächter. Der Erste unterbrach die Lacher und teilte ihnen mit, dass er das Geschehen an Deck heute mal wieder persönlich leiten würde, woraufhin es überhaupt keine Lacher mehr gab, auch der Letzte war nun verstummt.

Das hieß nämlich immer auf der Hut sein, weil er sehr oft und unvermutet plötzlich an Deck auftauchte, und wehe, irgendetwas klappte nicht sofort. Dann lernten die Maaten auch mal seine aggressive Seite kennen: nicht immer nur der legere, ältere Herr mit der Stummelpfeife in der

Hand und der heiseren Stimme, nein, dann konnte es auch schon mal ganz ordentlich dampfen.

Fiete und Garcia standen noch an der Gangway, als sie von Bord der »Marie« gerufen wurden.

Natürlich war es die heisere Stimme des Ersten, der nun gemächlich die Gangway herunterkam und sie noch einmal kurz aufhielt. Er hatte wahrscheinlich einen letzten, unnützen Tipp für sie.

»Meint ihr beiden Dussels eigentlich, ich lasse zwei Seeleute in den brasilianischen Regenwald laufen ohne was?«

Und dann winkte er mit seiner Rechten, in der er seine Stummelpfeife hielt, und rief dabei halblaut, heiser: »He man, come on here!«

Zu Fiete und Garcia gewandt: »Überraschung! Ich habe für euch einen Waldläufer ausgegraben, der euch ein wenig führen und auf euch achten wird, bezahlen müsst ihr ihn aber schon selbst.

Ach so und noch was, hier sind für jeden 50 US-Dollar Vorschuss, aber heute Nachmittag nach eurer Rückkehr beim Alten den Erhalt quittieren, sonst raucht's und jetzt haut ab.

Viel Spaß mit all den Krabbeltieren.«

Das brasilianische Hutzelmännchen kam mit seinen O-Beinen angewatschelt, in der rechten Hand führte er einen kräftigen Stock mit sich, an den Füßen nichts, barfuß. So kam er auf die beiden zu und begrüßte sie, indem er sich ein klein wenig verneigte und dabei murmelte:

»Meu nome Caique!«

Fiete und Garcia blickten sich an und sahen dann neugierig zu dem Männchen hinüber. Er war circa 1,50 Meter groß und so klapperig, dass man ihm das Vaterunser durch die Rippen blasen konnte. Sein olivfarbenes Gesicht war unter den struppigen, grau-schwarzen Haaren schon total zerknittert, aber dann lachte er plötzlich und dabei wurden in seinem Mund doch tatsächlich fünf scheinbar brauchbare Zähne sichtbar.

»Unser Beschützer, wunderbar!«, Fiete hätte sich beinahe weggelacht: »Und was hat er gesagt, hast du ihn verstanden?«

»Ich meine, er sagte seinen Namen: Caique!«

»Na gut, dann lass uns man langsam losziehen.«

Fiete hob die Hand, wendete sich um, zeigte einmal auf die grüne Wand, den Regenwald, und schon setzte sich Caique an die Spitze und sie zogen los.

Die sich vor ihnen auftuende grüne Wand aus Buschwerk und Wald war durchsetzt mit riesigen Bäumen und schien im ersten Augenblick unüberwindbar.

Aber der kleine Waldläufer fand eine Öffnung in der grünen Wand, und ehe die beiden sich versahen, hatte der Regenwald sie aufgesogen.

Von nun an war um sie herum nur noch das Grün des Dickichts, Feuchtigkeit und Moskitos. Zu ihrem eigenen Schutz waren sie mit langen Hosen und festem Schuhwerk bekleidet.

Der Regenwald des Amazonas, so versuchte Caique den beiden Seeleuten klarzumachen, sei der größte der Welt, umfasste er doch allein in Brasilien über 2,5 Millionen Quadratkilometer. In einem bunten Durcheinander sollte es hier über 4.000 Baumarten geben, und das dichte Hauptblätterdach befand sich in einer lichten Höhe von circa 25 bis 30 Metern.

An einem einzigen, noch lebenden Baum hat man sogar bis zu 80 Pflanzenarten gefunden.

Und der Regenwald lebte. Nur die Lianen, die allerorten herabhingen, die Sträucher, die kleinwüchsigen Büsche und Bäume versperrten meistens die Sicht auf Aras, riesenschnabelige Tukane, Glanzvögel, Kolibris, Faulvögel oder diverse bunte Papageien.

Die Geräuschkulisse war immens. Caique versuchte immer wieder durch Zeichen, indem er den Arm hob und irgendwo ins Blätterdach zeigte, auf die verschiedensten Tierarten hinzuweisen.

Nach circa 500 Metern beschwerlichen Weges durch das dichte Unterholz erblickten sie durch eine größere Öffnung im dichten Blätterdach des Regenwaldes den oberen Teil eines gewaltigen Baumes, der wohl, grob geschätzt, 45 bis 50 Meter hoch war und über ihnen mit seiner kugelrunden, blattbesetzten Krone in den blauen Himmel ragte: ein alter Paranussbaum.

Plötzlich zog Caique Fiete und Garcia am Arm und deutete hinter einen

dichten Busch. So lautlos wie möglich versteckten sie sich dahinter und Caique hielt auch noch zusätzlich seinen Zeigefinger vor dem Mund.
Absolute Ruhe.

Und dann sahen sie es: In der Nähe das riesigen Stammes kauerte ein dunkelorange-braun gefärbtes Tier im Laub des Unterholzes. Es wirkte auf Fiete wie ein etwas zu groß geratener Hamster mit ganz dünnen Beinen. Der Bursche war beinahe einen halben Meter lang. Er hatte nur einen Stummelschwanz, dafür aber einen bulligen Kopf, kleine, runde Ohren sowie kugelrunde, große Augen.

»Sein Aguti«, versuchte Caique ihnen nun klarzumachen. »Fressen Samen von Paranussbaum!«

Als Garcia und Fiete nun genauer hinsahen, konnten sie erkennen, dass das Nagetier sich an einer Art geschälter Kokosnuss zu schaffen machte, allerdings war die Frucht kugelrund und ihr Durchmesser betrug nur etwa zehn Zentimeter. Es lagen viele davon, wie sie nun erkennen konnten, am Fuße des Baumes herum.

Caique versuchte, im Flüsterton und dabei wild gestikulierend, weitere Erklärungen abzugeben.

Die Art seiner Darstellung musste man sich einfach selbst übersetzen.

»Wenn die Frucht reif ist, fällt sie vom Baum ins Unterholz, es tut sich während der Reife ein Schlitz in der Schale auf, aber er ist so gering, dass kein Samen, die Paranuss, dort herausfallen kann. Dann kommt der Aguti und knackt die harte Schale der Frucht, nagt sie an, öffnet sie und frisst dann die Samen.

In der Kapselfrucht liegen die Samen ähnlich angeordnet wie in einer Orange, daher auch ihre dreieckige, gebogene Form.

Der Aguti nimmt auch Samen, die er nicht gefressen hat, und versteckt sie. Meistens findet er sie nicht wieder, und dann keimen die Samen zum Teil nach 12 bis 18 Monaten, manche aber auch erst nach Jahren.«

Er machte den beiden ein erneutes Zeichen, ihm vorsichtig und leise zu folgen, und weiter ging ihre Entdeckungstour durch den brasilianischen Regenwald.

Eine scheinbar unendlich lange Zeit später, Fiete hatte schon jegliches

Zeitgefühl verloren, zeigte Caique einmal mehr in das Blätterdach, und da entdeckten sie sie: Hoch über ihnen hockten vier herrliche Aras in ihrem feuerroten Federkleid.

»*So ein Scheiß*«, haderte Fiete innerlich mit sich selbst, »*warum habe ich Dussel bloß meinen Fotoapparat nicht mitgenommen!*«

Leider war das im Moment nicht zu ändern, und so konnte er nur hier und jetzt den Anblick der herrlichen Vögel genießen.

Weiter arbeiteten sie sich durch den Regenwald, und Caique lief mit seiner Machete immer vor ihnen her.

»He, stoppt mal!«

Fiete hatte diesen Ausruf getan und Garcia drehte sich um. Caique ging zu Fiete und sah ihn dabei fragend an.

»Leute, ich finde, es ist an der Zeit, in die Zivilisation zurückzukehren! Ich bin total kaputt!«

»Ja«, stimmte Garcia ihm zu, »mir geht es auch nicht viel besser.«

Und so verdeutlichten sie Caique, dass sie ihren Ausflug nun beenden wollten. Er nickte zustimmend, begab sich wieder an die Spitze der kleinen Gruppe, schlug einen scharfen Haken nach links, und circa fünf Minuten später befanden sie sich auf einem befestigten Sandweg und konnten in einiger Entfernung etliche Hütten am Rio Tapajós erkennen.

»Was ist das denn? Das glaub ich ja wohl nicht! Da latschen wir durch den Busch und hier ist eine befestigte Straße. So ein Schlitzohr.«

»Komm, Fiete, nu hör mal auf. Du wolltest doch in den Regenwald und mal den brasilianischen Dschungel kennenlernen. Also …!«

»Ja, hast ja recht, ich sag ja schon nichts mehr.
He, Caique, gibt es hier nirgends eine Bar oder Bodega, ich habe fürchterlich stechenden Durst!«

»Schon, ein paar Minuten den Weg hinunter hat ein Freund eine Hütte.«

Es dauerte tatsächlich nicht allzu lange, und sie standen vor einer stark baufälligen Hütte.

In diesem Moment tippte Caique ihm auf die Schulter und zeigte ihm die geöffnete Hand.

»Ja, mein Jung, du sollst ja dein Geld bekommen.

Garcia, was ist? Von jedem zehn US-Dollar?«

»Gut, finde ich in Ordnung, damit ist er gut bedient.«

Jeder holte zehn US-Dollar aus der Hosentasche und gab sie dem Waldläufer Caique.

Er bedankte sich überschwänglich und zeigte noch einmal mit seinem Arm in eine bestimmte Richtung. Und tatsächlich: Sie sahen nicht einmal weit entfernt ihren Dampfer liegen.

Im Handumdrehen war Caique in der näheren Umgebung verschwunden.

»Na, das hat doch was. Einen Steinwurf von unserem Luxusdampfer entfernt.«

Und ein breites Grinsen überzog Fietes Gesicht und er drehte sich um und blickte zur Hütte.

»Garcia, sieh dir das mal an: Kaltgetränke!«

Fiete war entzückt, natürlich hatten sie nicht daran gedacht, irgendwelche Getränke, geschweige denn etwas zum Essen mitzunehmen. Und nun standen sie hier vor einer zwar etwas baufälligen Hütte, aber der Brasilianer hinter dem Tresen offerierte ihnen zweifelsohne Getränke.

»Siehst du!«

Fiete sah beinahe zufrieden aus.

»Und hier gibt es nicht nur eiskalte Cola, nee, der hat auch noch den passenden Rum dazu! Dieser einheimische, etwas merkwürdig riechende Stoff. Cachaça, na, das sieht doch alles wunderbar aus und ist schön billig.

Komm, Garcia, lass uns erst mal am Tresen Platz nehmen!«

Garcia konnte Fietes Freude überhaupt nicht nachvollziehen, da er sich aus Alkohol absolut nichts machte. Er schickte sein Geld lieber per Ziehschein nach Hause.

»Also gut, du kannst ja hierbleiben, ich schleich mich derweil mal an Bord. Solltest du dort nicht heute Nachmittag bis fünf Uhr eingetrudelt sein, dann werde ich wohl hier noch einmal vorbeikommen müssen.«

»Nee, nee, mein Freund, da mach dir man keine Gedanken. Ich trink hier ein oder zwei Cachaça, danach mach ich mich auch auf die Socken und komm zu euch an Bord.

Nur keine Panik, Garcia, geht alles seinen Gang.«

Dabei gab Fiete dem Mann hinterm Tresen einen Wink und bedeutete ihm, noch einmal nachzuschenken.

Garcia machte sich auf den Weg.

Am frühen Abend kam Fiete schwer angeschossen an Bord. Der Erste stand oben an der Gangway und grinste hämisch bis über beide Ohren.

»Na, mein Jung! Etwas zu viel Natur gehabt?

Wie ich sehe, hast du die landestypischen Produkte getestet. Aber scheinbar warst du ihnen nicht so recht gewachsen.

Am besten gehst du in die Koje, da ist im Moment der beste Platz für dich.«

Fiete wollte noch etwas sagen, schnappte aber nur nach Luft und brachte kein Wort heraus, drehte sich um, winkte nur noch ab und verschwand leicht wankend in den hinteren Aufbauten.

Den Weg in seine Kammer durch den Betriebsgang fand er dennoch ohne größere Probleme.

Vor dem Frühstück am nächsten Morgen setzte der Erste Offizier Fiete ins Bild im Bezug auf die Ladungsarbeiten.

Diese waren schon gut vorangeschritten, sodass die Luken voraussichtlich am frühen Nachmittag geschlossen werden konnten, um sie dann unverzüglich seeklar zu machen.

Fiete ging frühstücken und traf kurz vor der Messe auf den Smutje, natürlich immer noch ohne ein neues Toupet, dafür aber mit einem wunderbar glattgeschorenen Schädel.

»Menschenskinder, Smut, wat siehst du gut aus! Wer hat dir denn diese Billardkugel verpasst? Da kommt ja mal richtig Sauerstoff an dein Resthirn!«

»Fiete«, und das Gesicht des Kochs strahlte in diesem Moment keinerlei Zufriedenheit aus, »zügel deine Zunge und überlege dir gut, was du sagst. Wie du schon richtig festgestellt hast, hat Atze ein sehr gutes Händchen für den Rasierer.«

»Keine leeren Versprechungen. Tja, sieht doch ganz sauber aus, das muss der Neid dir lassen, wesentlich besser als die Stoppeln mit den Toupetstreifen.

Aber nun was anderes, was hast du denn heute so auf dem Zettel?«
Dabei machte er eine unverwechselbare Handbewegung zum Mund.

»Toast Hawaii!«, war die lakonische Antwort des Kochs.

»Na, das hört sich doch mal gut an, dann hau man rein, ich bin in der Messe. Zuerst einmal eine gute Portion für mich, bitte!«

»Geht klar.« Schon war er in der Kombüse verschwunden und Fiete in der Mannschaftsmesse.

An Deck surrten die elektrischen Windenmotoren unter der Last der Edelholzstämme, die in die Luken gehievt wurden.

Eines musste man den Einheimischen aber lassen: Sie arbeiteten wirklich recht ordentlich wie gut ausgebildete Hafenarbeiter und hatten ihren Job voll im Griff.

Allerdings machten sie diese Art der Verladung ja auch nicht zum allerersten Mal.

Der Erste Offizier und der Vormann der Stauer hatten den Zeitpunkt für Ladeende in den Luken bereits klar bestimmt.

Und so geschah es dann auch: Die Luken waren voll, und mit größter Selbstverständlichkeit und Routine hatte die Deckscrew in kürzester Zeit die Luken gesichert. Der Ladebetrieb konnte ungehindert an Deck seinen Fortgang nehmen.

Fiete stand rauchend und sinnierend in der Nähe der Gangway, als Sidi zu ihm kam.

»Na, wat is? Heute Abend noch mal die Sau rauslassen? Ich hab da gestern Abend noch ein paar neue Hühner in der Cantina rumlaufen sehen!«

»Nee danke, lass man stecken. Vielleicht kannst du ja Karl oder den Langen überreden, mit Chance haben die beiden ja Bock, aber ich nicht, ich bin noch satt von gestern. Dieses einheimische Getränk, der Cachaça, das ist wirklich nicht mein Ding. Ich laufe schon die ganze Zeit mit einem fürchterlichen Dröhnschädel durch die Gegend. Außerdem laufen wir schätzungsweise morgen Mittag aus. Da zieh ich mir lieber heute Abend nach Ausscheiden hier an Bord ein, zwei Bierchen rein und gut ist.«

»Na, macht ja nichts, war ja auch nur 'ne Frage.«

Und so zog Sidi wieder von dannen.

»So wie der Knochen lebt, hat er auch nicht viel mit Mohammed, seinem Propheten, und dem Koran am Hut. Aber jeder sollte ja nach seiner Fasson glücklich sein und werden.«

Fiete zündete sich erneut einen Glimmstängel an und ging zur Wasserseite, um sich dort über den Fortgang der Ladearbeiten zu informieren.

Die Laschings und Ketten sowie die Spannschrauben für die Sicherung der Baumstämme lagen schon an Deck bereit.

Auch das Laden der Deckslast bewerkstelligten die Stauer der Holzmühle recht flott. Sie waren in allen ihren staureitechnischen Arbeiten sehr gewandt, und man staunte nicht schlecht, mit welcher Routine sie die Verladearbeiten erledigten.

Es war ihnen wirklich anzusehen, dass sie sehr oft Frachtschiffe in der Beladung hatten.

Am nächsten Tag, früher Nachmittag, waren die Ladungstätigkeiten auf der »Marie Reith« tatsächlich abgeschlossen. Dementsprechend kam auch der Lotse an Bord, und sofort wurde die »Marie« losgeschmissen.

Für die Lascharbeiten der Deckslast und das Einfieren der Bäume war noch Zeit genug während der Revierfahrt.

Sidi hatte sich doch tatsächlich am Vorabend aus der Kaschemme noch eins der neuen Mädels in die Koje gezerrt.

Beim Abendessen in der Messe kam dann natürlich auch dieses Thema wieder auf die Back, wie konnte es auch anders sein.

»Na, mein Freund«, Fiete konnte sich eines fiesen Grinsens nicht erwehren: »war sie denn auch wirklich gut?«

»Jaaaa …«, kam es lang gezogen und genüsslich von seinen wulstigen Lippen, »sie war wunderbar, zauberhaft, einfach eine richtige kleine Sau.

Es fing schon beim Küssen an.

Übrigens, daran könnt ihr auch erkennen, dass wir hier weitab vom Schuss sind. Richtige Nutten lassen sich nämlich nicht küssen. Aber sie mochte es, voller Hingabe, als wir beide dann endlich in der Koje lagen! Mein lieber Freund, hatte die zarte und fleißige Finger!

So flinke, zarte Hände haben euch noch nie berührt.

Also …!«

Fiete unterbrach Sidi an dieser Stelle seines Vortrages abrupt, alle starrten ihn entrüstet an: »Was soll das denn jetzt, wo es gerade so richtig spannend wird!«

Fiete erhob sich: »Ich erspare mir lieber den traurigen Rest, muss wieder auf die Brücke, der Lotse geht bald von Bord. Warum seht ihr mich so an? Ihr könnt euch gern noch das Ende anhören. Vielleicht wird es ja wirklich noch einmal interessant.

Sag mal, Sidi, was sagt denn eigentlich Allah zu deinem lockeren Lebenswandel?«

Schnell schloss Fiete die Tür der Messe hinter sich, weil bereits im gleichen Augenblick ein von Sidi geworfener Arbeitsschuh gegen die Tür knallte.

Fiete grinste zufrieden, und kurze Zeit später war er auch schon wieder auf der Brücke.

»Hallo, Fiete, habt ihr das Lotsengeschirr schon klar? Das Lotsenboot ist nämlich schon unterwegs!«

»Ja, Herr K..., ist schon alles erledigt, Achterkante Hauptdeck, Steuerbordseite ist die Lotsentreppe bereit.«

»Gut, siehst du, da vorn kommt schon das Lotsenboot. Dann bring den Lotsen man eben runter.«

Der Erste verabschiedete sich vom Lotsen, und auch der Kapitän bedankte sich noch einmal bei ihm für seine Dienste.

Fiete gab dem brasilianischen Lotsen ein Zeichen und deutete ihm an, ihm zu folgen. Gemeinsam begaben sie sich hinab zum Hauptdeck. Dort an der Steuerbordseite fuhr schon das Lotsenboot, parallel zur »Marie«, angestrahlt durch zwei starke Sonnenbrenner.

Die »Marie« war recht gut abgeladen, sodass es für den Lotsen eine Kleinigkeit war, schnell und sicher wieder auf sein Lotsenboot überzusteigen.

Er winkte noch einmal freundlich zur »Marie« herüber, danach verschwand das Lotsenboot in der Dunkelheit der Nacht und der Unendlichkeit des riesigen Amazonas-Deltas.

Fiete ging zurück zur Brücke, wo der Kapitän sich noch angeregt mit seinem Ersten Offizier unterhielt.

Der Erste hatte gerade die Automatik auf den neuen Kurs eingestellt und ihn auch schon in die Seekarte eingetragen.

Das Amazonas-Delta maß hier kurz vor dem Übergang in den Atlantik von Küste zu Küste bereits 250 Kilometer.

Über ihnen schien ein herrlicher Vollmond am Firmament, und eine leichte Seebrise kühlte alles etwas ab.

Nach einigen turbulenten Tagen in Santarém lagen nun endlich wieder einige ruhige Nächte und Arbeitstage vor ihnen.

Newport News, unfreiwilliger Zwischenstopp

Fiete war eben in seinen Gedanken weit weg unterwegs, als der Erste Offizier ihn ansprach und er augenblicklich hochschreckte.

»Na, siehst du Fiete, jetzt haben wir Brasilien auch schon mal abgehakt, und in circa zwei Wochen sind wir an der Ostküste der USA, in Newport News.

Die Amis sind da nicht so schnell mit den Ladearbeiten, ich glaube, da werden wir wohl einige Tage verbringen.

Der zukünftige Wetterbericht ist auch sehr positiv, das können wir natürlich gut gebrauchen. Dann könnt ihr ja erst einmal mit dem Ladegeschirr weitermachen.«

»Ja, alles klar, war ja auch schon so abgesprochen.
Ich gehe schon mal runter zum Wecken, okay?«

»Ja, mach man, alles ist gut.«

Fiete ging die Außentreppe hinunter, war schon wieder mit seinen Gedanken irgendwo weit weg und hörte dabei Sidis Stimme, die durch das offene Bullauge der Mannschaftsmesse nach außen in die Gangbord drang, als er urplötzlich im gedämpften Licht der Gangbeleuchtung eine hünenhafte, dunkelhäutige fremde Gestalt vor sich auftauchen sah.

Instinktiv griff Fiete zu seinem Decksmesser und sprach sofort sehr laut das fremdartige Wesen an: »Halt, stehen bleiben! Stopp! Stay! Alto! Parar!«

Fiete grub alle Worte aus, die er kannte, aber das Wesen schien ihn nicht zu verstehen.

Nun verharrte der Hüne in der Bewegung, allerdings leuchteten seine Augäpfel irgendwie merkwürdig in seinem dunkelhäutigen Gesicht, und dann wurden auch noch seine weißen Zähne in der schlechten Beleuchtung sichtbar, weil es irgendetwas sagte, was Fiete nun aber wiederum nicht verstand.

Er wusste sich einfach nicht anders zu helfen, der Hüne überragte ihn schließlich um gut anderthalb Kopfeslängen, und schrie nun aus Leibeskräften, wobei der Hüne ordentlich erschrocken zusammenzuckte: »Sidi, Ahmed, an Deck, sofort!«

Der Hüne hob unvermittelt die Arme und stellte sich mit dem Rücken an das Schott, seine Augen waren in diesem Moment weit aufgerissen und flackerten vor Angst.

Wie aus dem Nichts standen plötzlich Ahmed und Sidi neben dem Hünen und staunten ihn an.

»Verdammt noch eins, was ist das denn hier?«

Sidi wirkte im Augenblick etwas verunsichert, was ihm ansonsten selten passierte.

»Guck mal an«, meldete sich auch sofort Ahmed mit seinem schlechten Deutsch zu Wort: »Wi habe hi eine Blinde, na wi heißt, Mensch gefange!«

»Halt deinen Sabbel, Ahmed!«

Fiete war immer noch total neben der Spur, mit einem blinden Passagier hatte er bisher noch nie etwas zu tun gehabt.

»Sidi, du hilfst mir. Wir werden den Kerl jetzt auf die Brücke schaffen. Ahmed, geh in die Messe und sag Manuel Bescheid, er soll unverzüglich die 08/12-Wache wecken gehen. Aber vielleicht hat sich das ja schon alles erledigt, weil sowieso alle vor der Messe stehen und Maulaffen feilhalten.

Auf alle Fälle gehst du auch noch zum Kapitän, informierst ihn und bittest ihn auf die Brücke zu kommen.

Jedenfalls kommst du hinterher auch auf die Brücke.«

»Ja, alles kla, bin scho weg!«

»Sidi«, Fiete blickte zu seinem marokkanischen Kollegen hinüber, »wir nehmen den Kerl in die Mitte, sobald wir zur Brücke marschieren, nicht dass uns der Kerl noch über die Mauer jumpt! Okay?«

»Nach meiner Meinung wäre es besser, wir würden den Blinden gleich hier verklappen! Wenn er ein sehr guter Schwimmer ist, schafft er es ja vielleicht noch zurück in seine alte Heimat, ansonsten hat er Pech gehabt!«

»Sidi, weißt du was, halt einfach deine Fresse und gib hier nicht solch einen Dünnschiss von dir!«

Bei Fiete lagen allmählich die Nerven blank.

»Okay, dein Wort in Allahs Ohr, bringen wir den Herrn auf die Brücke. Nur das eine kann ich dir jetzt schon flüstern, Fiete, wenn der Sack an Bord bleibt, kommt noch ordentlich Ärger auf uns zu. Glaube mir, du wirst noch an meine Worte denken.«

Und so setzte sich die kleine Gruppe in Bewegung und erreichte einige Augenblicke später die Kommandobrücke der »Marie Reith«.

Der Kapitän und die 08/12-Wache waren bereits anwesend.

Der Kapitän und sein Erster Offizier sahen mit großer Besorgnis auf die drei Personen, als sie gemeinsam die Brücke betraten.

»Wo kommt der denn her?«, lautete die erstaunte Frage des Kapitäns.

»Herr Kapitän, das war nun aber keine sehr intelligente Frage«, fuhr es Fiete so durch den Kopf.

Und genau so antwortete Fiete: »Tja, was soll ich sagen, Herr Kapitän? Er lief mir achtern einfach so übern Weg.«

Fiete und Sidi hatten den blinden Passagier genötigt, sich in eine Ecke auf die Erde zu setzen, dort, wo er nicht gleich etwas zerstören konnte.

Allerdings sah er nicht so aus, als würde er sich mit solchen Gedanken befassen.

Der Erste sah den Kapitän im Moment etwas ratlos an und flüsterte heiser, beinahe hilflos: »Und was machen wir jetzt?«

Unvermutet meldete sich Sidi zu Wort: »Wir schmeißen ihn über die Mauer und lassen ihn absaufen. Blinde Passagiere bedeuten nur einen Haufen Ärger. Glaubt mir, ich habe so eine Show schon einmal mitgemacht.«

Scheinbar erschrocken blickte der Kapitän ihn an: »Mann Gottes, sind Sie des Wahnsinns? Es ist doch trotz allem noch ein Mensch. Außerdem wäre das nach unserer Gesetzgebung vorsätzlicher Mord. Ich wehre mich allein schon bei dem bloßen Gedanken dagegen.

Nein und noch mal nein, auf gar keinen Fall.«

»Allerdings sollten wir bedenken: Wenn wir ihn an Bord behalten, wird der Junge automatisch staatenlos, und er müsste bis ans Ende seiner Tage auf der ›Marie‹ zur See fahren oder aber er trägt irgendeinem Land sein Asylersuchen vor. Diese Chance sehe ich allerdings eher nicht und stehe dem Ganzen daher sehr skeptisch gegenüber«, äußerte sich nun der Erste zu dieser außergewöhnlichen Situation.

Der Kapitän blickte kurz auf: »Sidi und Ahmed, Sie beide werden im Augenblick hier oben nicht mehr benötigt. Gute Ruhe.

Fiete, du bleibst noch für einen Augenblick hier auf der Brücke, bitte.«

Sidi und Ahmed hatten die Brücke bereits verlassen, und der Kapitän brachte zusammen mit dem Ersten den blinden Passagier vorerst einmal hinüber in den Kartenraum.

»So«, versuchte nun der Erste den Fremden zu befragen, auf Englisch, Spanisch, etwas Portugiesisch, nichts. Der illegale Passagier sah ihn nur die ganze Zeit mit großen, fragenden Augen an und murmelte dabei etwas, was niemand hier oben auf der Brücke verstand.

Dabei machte er, seine unverständlichen Ausführungen begleitend, immer sehr gestenreiche Bewegungen mit Händen und Armen.

»So bringt das alles nichts«, beendete nach einer Weile der Kapitän die fruchtlosen Versuche des Ersten Offiziers. »Ich habe mich soeben entschlossen nicht zurückzufahren, sondern so bitter es im Augenblick sein mag, wir nehmen ihn mit.

Wir werden später sicherlich eine für beide Seiten zufriedenstellende Lösung finden.

Er bekommt fürs Erste die leer stehende Matrosenkammer an Backbordseite auf dem Mannschaftsdeck.

Wir nehmen ihn erst einmal als Kombüsenhelfer. Da der Koch ja keinen Kochsmaaten hat, passt das ganz gut, vielleicht integrieren wir ihn später auch an Deck oder in der Maschine.

So, Fiete, nimm ihn mit und zeige ihm die Waschräume und das WC.

Er soll seine Notdurft verrichten, dann erhält er Bettzeug und wird in der Kammer eingeschlossen.«

Der Kapitän versuchte dem Illegalen in einer Art Gebärdensprache klarzumachen, dass er vorerst an Bord bleiben dürfe und dass Fiete ihn nach unten zur Kammer geleitet.

Vorher war der blinde Passagier schon beim Betreten der Brücke komplett auf den Besitz irgendwelcher Stich- oder Schusswaffen durchsucht worden.

Glücklicherweise wurde nichts dergleichen bei ihm gefunden.

Fiete erledigte alles so, wie ihm geheißen worden war.

Die Abläufe an Bord hatten sich nicht wesentlich verändert, und alles ging seinen gewohnten Gang. Die Wachen liefen problemlos rund um die Uhr, und am Tage wurde an Deck ordentlich zugetörnt. Sämtliche noch nicht kontrollierten Blöcke wurden überholt, zusätzlich wurde das gesamte laufende und stehende Gut gelabsalbt.

Irgendwann – etwas mehr als die Hälfte der Holzreise zur Ostküste der USA war bereits geschafft – da stellten sich bei Fiete heftige Halsschmerzen ein.

Es begann mit einem Kratzen im Hals, dann wurde der Rachen rau und alles fühlte sich nach geraumer Zeit wie rohes Fleisch an.

Fiete bekam Husten, litt an Appetitlosigkeit und hatte beim Husten etwas eitrigen Auswurf. Seine Körpertemperatur stieg.

Der Erste Offizier der »Marie Reith«, der unter anderem auch das Hospital betreute und als Ersthelfer fungierte, gab Fiete einige Tabletten und meinte nur: »Das ist eine leichte Sommergrippe, nichts Ernstes. Leg dich man für ein paar Tage in die Koje, und du wirst sehen, alles ist bald wieder gut.«

Einen Tag vor Newport News hatte sich Fietes Sommergrippe aber nicht verbessert, eher hatte sie sich ins Gegenteil umgekehrt. Er aß überhaupt nichts mehr, konnte kaum sprechen und hatte hohes Fieber. Das Einzige, was er in großen Mengen zu sich nahm: Kujampelwasser.

Sofort nachdem die »Marie« in **Newport News** festgemacht hatte, wurde über den Agenten ein schnellstmöglicher Arzttermin gemacht.

Der Erste hielt immer noch daran fest, dass es sich bei Fietes Erkrankung um eine Sommergrippe handelte, und meinte, er solle sich man nicht so anstellen. **36° 59′ 02.08″ Nord / 76° 26′ 31.31″ West**

Fietes Körpertemperatur hatte sich trotz der Tabletten weiter erhöht.

Der Leitende Ing. hatte ebenfalls einen Arztbesuch geplant und meinte daher, da die Praxis des Arztes nicht allzu weit vom Hafen entfernt gelegen war, könne man doch zu Fuß dorthin gehen.

Fiete fühlte sich zwar total unwohl und richtig matschig, sagte aber zu, und so gingen beide gemeinsam den kurzen Weg.

Nach geraumer Zeit und etlichen kurzen Pausen trafen die beiden in der Arztpraxis ein und setzten sich in den Warteraum.

Der Arzt sprach ganz passables Deutsch, und da er schon über Fietes Zustand informiert war, führte er ihn in einen separaten Behandlungsraum, gab ihm ein Fieberthermometer, welches er sich unter die Zunge klemmen sollte und was er dann auch tat.

Nach einiger Zeit kam er zurück, nahm das Thermometer, blickte auf die Skala und rümpfte die Nase.

»Sagen Sie mal, junger Mann, wie sind Sie denn hierher in die Praxis gekommen?«

In der Zwischenzeit hatte er auch Fietes Hals- und Rachenraum gründlich untersucht und einen Abstrich genommen.

Arglos antwortete Fiete, so gut er konnte: »Natürlich zu Fuß, mit dem Chief zusammen.«

Äußerst nachdenklich blickte der Doktor Fiete an: »Junger Mann, Sie haben extrem hohes Fieber, 40,3 Grad, resultierend aus einer akuten, eitrigen Mandelentzündung, die auch noch kurz vor dem Durchbruch steht. Sie gehören ins Krankenhaus, und zwar sofort und ohne Umschweife!«

»Okay«, versuchte Fiete seine Worte verständlich zu artikulieren und hatte dabei absolut nicht begriffen, was seine momentane, gesundheitliche Situation bedeutete, obwohl der Doktor ihm soeben die Ernsthaftigkeit seiner Lage geschildert hatte. »Dann kann ich ja eben noch mal an Bord gehen und mir einige Plünnen zum Anziehen zusammenpacken!«

Nun platzte dem Doktor beinahe der Kragen über so viel Unvernunft: »Sie gehen jetzt nirgendwo mehr hin, ich setze Sie in ein Taxi. Das bringt Sie direkt in das Riverside Hospital, wo man Sie unverzüglich in ein Bett steckt und ihnen einen Tropf anlegt. Schluss jetzt!«

Und so geschah es.

Fietes Taxi stoppte vor dem Riverside Hospital. Dort wurde er direkt von einer Schwester in einen Rollstuhl verfrachtet und sofort in die zweite Etage des Krankenhauses gebracht. Auf der Station angelangt musste er sich entkleiden, bekam von der Krankenschwester ein hinten offenes OP-Hemd aus dem Bestand des Krankenhauses ausgehändigt.

Er hatte nur noch das Gefühl, als befände er sich in Trance, und so bekam er auch alles um sich herum nur noch schemenhaft mit. Auch wie die Krankenschwester ihm den Infusionszugang legte, merkte er nicht einmal den Einstich der Nadel in die Vene.

Aber er bemerkte, dass die blasse, schlanke weiße Krankenschwester ihm manchmal zärtlich über seinen nackten Oberarm strich oder aber sanft über seinen Brustkorb fuhr, während sie ihm die Bettdecke richtete. Fieberträume!

Er fiel mit sehr beruhigenden, klaren Gedanken in einen tiefen Schlaf.

»Das müssen Krankenschwestern so machen, um den Patienten Sicherheit zu geben, damit man sich im Krankenhaus auch wirklich wohlfühlt und somit schnell wieder gesundet.«

Er schlief tatsächlich von seiner Einlieferung am frühen Nachmittag bis zum nächsten Morgen durch.

Beim Erwachen rieb er sich erst einmal erstaunt die Augen und blickte sich neugierig um.

»Was ist das denn hier, wo bin ich? Und was ist das überhaupt *für ein merkwürdiges Bett?«*

Erst allmählich dämmerte es ihm und er erinnerte sich wieder langsam an den Vortag. Er begriff auch, dass er in einem Krankenhaus lag. Dann erblickte er den Schlauch mit dem Infusionsbeutel, dessen flüssiger Inhalt langsam Tropfen für Tropfen den Weg in seine Vene fand.

Als er immer noch in seinen Gedanken versunken war, öffnete sich die Tür, und es erschien der Doktor, welcher ihn untersucht und ins Riverside Hospital eingewiesen hatte.

»Guten Morgen, junger Mann, na, wie sieht es aus mit Ihnen?«

»Och, schon wieder ganz passabel.«

»Haben Sie denn noch starke Halsschmerzen?«, fragte er, und im gleichen Augenblick tastete er auch schon Fietes Mandeln ab.

»Die Schwellung geht schon zurück, sehr gut. Dann sehen wir uns in den nächsten Tagen, auf Wiedersehen!«

Und schon war er beinahe wieder aus dem Krankenzimmer verschwunden. An der Tür stieß er aber fast mit einer blassen Krankenschwester zusammen, die soeben das Krankenzimmer betreten wollte. Dabei flüsterte er ihr etwas ins Ohr und war weg.

»Guten Morgen, German Boy. Wie geht es dir? Heute schon etwas besser?«

Sie sah wirklich gut aus mit ihrer Stupsnase, dem frechen Pony sowie etlichen Sommersprossen auf der Nase. Ihr Gesicht war von einer blonden Mähne eingerahmt. Der weiße Schwesternkittel, den sie locker trug, schien eine Menge zu verbergen.

Fiete nickte grüßend zurück und bekam von ihr einige Tabletten gereicht mit einer Mimik, die keinen Widerspruch duldete, diese Tabletten sofort und ohne Umschweife zu schlucken.

Er kam dieser Aufforderung auch unumwunden nach.

Die Schwester stand neben seinem Bett und kontrollierte den Puls und die Temperatur, danach legte sie sanft ihre linke Hand auf seine Stirn.

»Die misst aber merkwürdig Fieber, irgendwie macht sie mich ein klein wenig unsicher!«

Sie ließ ihren Handrücken zärtlich über seine rechte Wange herabgleiten und sah ihn liebevoll an.

»Mein Name ist übrigens Nurse Nancy. Der Doktor hat mir mitgeteilt, dass du Brei essen darfst, den bringe ich dir gleich, zu trinken hast du ja noch genügend«, meinte sie mit einem Blick auf die halb volle Wasserflasche auf seinem Nachtschrank.

»Außerdem, wenn du mal irgendetwas benötigen solltest, fragst du einfach nach mir, okay?«

»Oh, sie duzt mich? Ist wahrscheinlich normal in so einem Krankenhaus. Aber ihre merkwürdigen Streicheleinheiten irritieren mich schon etwas.«

Fiete blickte sie an, und sie erwiderte seinen Blick sofort. Zuerst war es ihm etwas peinlich, doch dann überwand er sich und stellte ihr eine Frage: »Könnten Sie mir bitte verraten, wo hier die Toilette ist? Ich müsste nämlich mal dringend das WC aufsuchen!«

»Okay, my boy, wenn du auf dem Gang bist, links um die Ecke und am Ende des Flurs wieder auf der linken Seite sind unsere Restrooms.

Okay?«

»Yes, okay!«

Fiete setzte sich auf, wobei ihm etwas schwindelig wurde, versuchte auf die Beine zu kommen, hielt sich dabei mit einer Hand das hinten offene Krankenhaushemd krampfhaft zusammen.

Den Tropf hatte die Schwester schon vorher entfernt.

»He, warte einen Augenblick, my dear, ich werde dich begleiten und dir einen Rollstuhl besorgen, du bist ja ziemlich wackelig auf den Beinen.«

Kurzum, sanft, aber bestimmt umfasste sie Fietes Hüfte, und so verließen sie gemeinsam das Krankenzimmer. Auf dem Gang vor dem Schwesternzimmer standen einige unbenutzte Rollstühle herum. Sie nahm einen, und Fiete war ganz froh, als er wieder saß und gefahren wurde, so gut ging es ihm dann doch noch nicht. Und auf diese Weise konnte sich auch sein Rücken nicht mehr im Original zeigen.

»Menschenskinder, verfluchtes Flügelhemd, nun laufe ich hier auch noch halb nackt durch die Gegend.

Mist verdammter«, fiel es ihm plötzlich siedend heiß ein. *»Das ging ja alles so verdammt hektisch zu, und nun bin ich hier im Krankenhaus und habe nicht einmal einen focking cent auf der Naht!«*

Aber als er dann etwas später auf dem WC seine Notdurft erledigte, kam ihm eine blendende Idee, die er seiner Begleitung gleich nach dem Verlassen des WCs unbedingt mitteilen musste.

»Sagen Sie, Schwester Nancy, gibt es hier irgendwo eine Telefonbox? Ich müsste unbedingt ein R-Gespräch mit West Germany führen! Mit meiner Schwester, verstehen Sie?

Ich habe hier nämlich keinerlei Geld, und sie müsste mir deshalb auf dem schnellsten Wege, am besten telegrafisch, einige Dollars überweisen.

Was meinen Sie, wie lange werde ich wohl hier im Krankenhaus bleiben müssen?«

»Ich denke, eine gute Woche wird es wohl dauern!«

»Okay, danke, alles klar.«

Sie hatten das zentrale Stationszimmer erreicht, und Fiete musste sich einen Augenblick in seinem Rollstuhl gedulden.

Kurze Zeit später hatte er aber schon einen Telefonhörer in der Hand und am anderen Ende der Leitung den Operator. Dieser versuchte nun eine Verbindung mit seiner Schwester in Deutschland herzustellen und sich dabei zu versichern, dass sie das R-Gespräch auch akzeptieren würde.

Am Anfang stellte sich das als ziemlich schwierig heraus, aber schließlich stand die Leitung, Fietes Verwandte hatten das R-Gepräch akzeptiert.

Die Schwierigkeit beim Zustandekommen des Gesprächs war einzig und allein die, dass weder seine Schwester noch deren Mann Englisch sprachen. Nachdem sein Schwager den Hörer abgenommen und absolut nicht verstanden hatte, was der Operator von ihm wollte, gab er den Hörer an seine Tochter weiter, Fietes älteste Nichte Andrea. Sie konnte mit ihrem Schulenglisch die bis dahin etwas verfahrene Situation klären und dann auch mit Fiete am Telefon sprechen, um mit ihm die telegrafische Geldüberweisung durchzugehen, die dann später in die Wege geleitet wurde.

Nach einer knappen Stunde lag Fiete wieder in seinem Zimmer im Bett. Erschöpft deckte er sich zu, drehte sich auf die Seite und war im Nu eingeschlafen.

Am späten Nachmittag erschien ein Clerk der Agentur, die die »Marie« in Newport News betreute, an seinem Krankenbett.

Mit einem freundlichen »Hallo, guter Mann, wie geht es Ihnen?« begann der Austausch einiger Floskeln, bis der Angestellte endlich zur Sache kam.

»Benötigen Sie vielleicht etwas Bargeld, Garderobe vom Schiff oder Ähnliches?«

»Na ja«, grinste Fiete ihn süffisant an, »so etwas wie ein Schlafanzug und meine Kulturtasche mit meinem Wasch- und Zahnputzzeug wären schon ganz angebracht. Vielleicht auch noch etwas Garderobe zum Wechseln? Und wo Sie mich gerade so fragen«, seine Gedanken überschlugen sich förmlich, »*ich weiß ja überhaupt nicht, was mit mir passieren soll, hier im Krankenhaus? Dann wieder an Bord oder nicht?*

Egal, Geld kann ich immer gebrauchen, wo der Alte an Bord doch immer so einen Film bei der Vorschussauszahlung macht«, also fuhr er fort: »dann bringen Sie mir man ruhig 250 US-Dollar mit.«

Sehr ordentlich notierte der Clerk sich alles, um das Fiete ihn gebeten hatte.

»Ach, was ich noch sagen wollte«, ergriff Fiete erneut das Wort: »Mein spanischer Kammerkollege Garcia, der kennt sich gut aus, der kann mir ja ein paar von meinen Klamotten zusammenpacken.

Und sonst, an Bord alles okay?«

»Na ja, die Immigration hat wohl einen ganz schönen Aufstand gemacht wegen des Illegalen. Ein Besatzungsmitglied musste erst die Bullaugen mit Muttern fest verschrauben und diese dann noch mit einer zusätzlichen Mutter kontern, damit er nicht daraus entweicht. Außerdem ist er für die komplette Liegezeit in der Kammer eingeschlossen und darf nur in Begleitung zum WC.

Das wollte ich Ihnen nur noch mitteilen, sonst läuft an Bord alles rund.«

Nachdem er das erzählt hatte, stand er auf und verabschiedete sich freundlich.

Am frühen Abend erschien die Schwester Nancy und brachte Fiete ein Tablett mit dem Abendessen, wobei sie ihm scheinbar besorgt und mütterlich über die Wange strich, noch einen Augenblick seine Hand hielt und sie etwas zärtlich drückte.

Dabei war sie bestimmt nicht viel älter als Fiete. Mütterlich!?!?

»Na«, begann sie, »geht es dir schon wieder etwas besser? Fühlst du dich einigermaßen?

Wie mir scheint, wirken die Medikamente, die du von uns bekommst, ja schon ganz gut!«

Sie blickte den blonden, schlanken, sonnengebräunten Seemann in den weißen Laken zärtlich an, wobei ihre Augen verdächtig verlangend aufleuchteten.

Für Fiete war der Krankenhausaufenthalt das Beste, was ihm passieren konnte. Es ging ihm aufgrund der verordneten, wohldosierten Medikamente, der Ruhe und der professionellen Pflege schon nach einigen Tagen im Riverside Hospital wesentlich besser. Und da er jung und unbedarft sowie ohne irgendwelche Hintergedanken war, wandelte er an einem Nachmittag mit seiner von einer Hand hinter dem Rücken zusammengehaltenen Krankenhaus-OP-Oberbekleidung arglos durch die Gänge der Station des Riverside Hospitals.

Plötzlich tauchte Schwester Nancy vor ihm auf. Ihre vornehme Blässe, die ansonsten ihr Gesicht beherrschte, war einem merkwürdigen Rosarot gewichen. Es wirkte irgendwie erhitzt, seltsam erregt.

Sie ergriff Fietes freie Hand und zog ihn mit sich, keinen Widerspruch duldend, was ihm ein amüsiertes, erstauntes Lächeln ins Gesicht trieb.

»Komm mit«, raunte sie mit halblauter Stimme. »Ich muss dir unbedingt etwas zeigen!«

Gerade waren ihre Worte verklungen, da zerrte sie ihn auch schon in einen fensterlosen, nach Medikamenten riechenden kleinen Lagerraum.

Sie zog die Tür hinter sich zu und verschloss sie sofort mit dem von innen im Schloss steckenden Schlüssel. Eingeschlossen!

»Was soll das denn hier? Tickt die Alte jetzt nicht mehr ganz sauber?«

Fiete war verblüfft, blickte sich um, sah Bettzeug, Verbandsmaterial in allen erdenklichen Varianten und noch andere Dinge mehr, alles für den ganz normalen, alltäglichen Krankenhausbedarf bestimmt.

Also ein stinknormaler Lagerraum.

Fiete drehte sich herum und wollte Nancy fragen, warum sie ihn hierhergeführt hatte, aber das erledigte sich von selbst.

Sie stand vor ihm, wie Gott sie geschaffen hatte, nur ihre Schuhe trug sie noch.

Sie hatte eine spitzenmäßige Figur, und Fiete konnte für einen Augenblick – er war vom Staunen überwältigt – seinen Mund nicht schließen.

»Verdammte Kiste, ich glaub das einfach nicht! Sie muss komplett verrückt sein! Sie will poppen, am helllichten Tag hier und sofort im Lagerraum? Ich glaub, ich dreh vollkommen ab!«

Und Nancy gurrte wie ein Täubchen im Frühling mit halblauter, kehliger Stimme.

»Come on, my little german boy, come on, let´s go!"

Sie kam auf Fiete zu und griff ihm ohne Umschweife direkt zwischen seine Oberschenkel, und da er nur das Flügelhemd trug und beileibe nicht auch nicht aus Stein war, hatte sich bei dem Anblick auch bei ihm schon etwas getan!

Ihre schlanke, kräftige Hand umfasste sein bereits erigiertes Glied und ihrem Mund entrang sich ein äußerst verwundertes, lang gezogenes »Woooooow!« .

Sie wies auf einen Stuhl, der in einer Ecke des Raumes stand.
»Come on, sweetheart, sit down please!"

Sie gurrte weiterhin wie ein Täubchen, aber spitz wie Nachbars Lumpi.

Fiete war förmlich wie in Trance, sie führte ihn zu dem Stuhl, ihre heißen Körper rieben sich voller Lust aneinander, dabei spürte er ihre harten, wohlgeformten Brüste auf seiner nackten braunen Haut. Sie küsste ihn nach allen Regeln der Kunst. Danach setzte er sich auf den Stuhl, sein Fliegerhemd lag schon lange in irgendeiner Ecke.

Langsam senkte sie sich mit weit gespreizten Beinen, wobei sie seinen harten Penis ganz geschmeidig und sanft in sich aufnahm.

Zuerst machte sie gemächliche Auf- und Niederbewegungen, aber im Verlauf des Liebesspiels wurden ihre Bewegungen immer wilder und hektischer, und auch Fietes Unterleib begann sich nun unkontrolliert zu bewegen.

Aber schon nach viel zu kurzer Zeit brachte die Explosion eines ersehnten Orgasmus beide fast aus der Fassung. Mit dem letzten verbliebenen Funken Verstand küssten sie sich innig.

Durch den überlangen Kuss in seiner starken Intensität konnte keiner einen Laut der Lust zur Zeit des Höhepunkts ihres heimlichen Aktes von sich geben, was vielleicht auch ganz gut so war.

Total verschwitzt und vorerst überglücklich lösten sich beide voneinander, sie küsste Fiete noch einmal zärtlich auf seine vollen Lippen.

»Du gehst jetzt besser, als Erster, aber nicht mehr auf den Gängen spazieren, sondern unverzüglich auf dein Zimmer ins Bett.

Ich komme später noch einmal vorbei und schaue nach dir.«

Während sie diese Worte an Fiete richtete, war sie bereits wieder fertig angezogen und damit beschäftigt, ihren weißen Kittel zu verschließen.

Fiete öffnete die Tür, blickte sichernd nach links und rechts und überquerte mit am unteren Rücken zusammengehaltenem Hemd den Flur. Zügig verschwand er in seinem Zimmer.

Dort angekommen fiel dann auch die aufgestaute Spannung vollkommen von ihm ab. Da erst bemerkte er, dass er wirklich noch nicht so fit war, wie er es geglaubt hatte.

Nancy hatte ihn ganz schön geschafft. Was für ein Vollblutweib!

Er legte sich in sein Bett und versank augenblicklich mit einem leichten Lächeln im Gesicht in einen tiefen, traumlosen Schlaf.

Eine sanft säuselnde Stimme holte ihn aber einige Zeit später wieder in die Gegenwart zurück.

Er meinte, Stunden geschlafen zu haben, dabei hatte er aber nur man eben eine Stunde geruht, dafür aber tief und fest.

An seiner Bettseite stand lächelnd, nun wieder vornehm blass, Schwester Nancy.

»Hello, german, hello, Fred, ausgeschlafen?«

Absolut nichts in Nancys Stimme und Wesen verriet überhaupt irgendetwas von der sehr intimen Begegnung im Lagerraum.

Sie war wirklich eine ausgezeichnete Krankenschwester, oder ach nein, Schauspielerin!

Fiete schaute sie leicht verdattert an und nickte automatisch.

»Der Clerk der Agentur ist hier und bringt dir etwas zum Anziehen!«

Damit zeigte sie auf die Tür des Krankenzimmers, und dort stand der junge Mann, der Fiete schon einmal besucht hatte.

»Yes, here I am, hello, mister«, begann er und schlenkerte irgendwie verlegen mit Fietes alter Reisetasche hin und her, dann stellte er sie auf die Bettdecke.

Nancy hatte bereits leise und unauffällig den Raum verlassen.

»Wie fühlen Sie sich denn heute Nachmittag?«, versuchte der junge Mann nun freundlich ein Gespräch zu beginnen.

»Doch, doch, geht schon«, erwiderte Fiete höflich. »Mein Fieber hat sich gelegt, und feste Nahrung kann ich auch schon zu mir nehmen. Ich schätze mal, dass ich zum kommenden Wochenende entlassen werde und dann auch wieder an Bord zurückkann!«

»Tja, guter Mann«, druckste nun der Angestellte der Agentur etwas herum, »daraus wird so wohl nichts, Ihr Schiff läuft morgen Vormittag aus und nach jetzigem Stand ohne Sie.

Aber glauben Sie mir, da werden wir schon eine Lösung finden.

Zuerst einmal, benötigen Sie Geld?«

Fietes Gehirn arbeitete auf Hochtouren: »*Geld, hat er wirklich Geld gesagt, ist der Kerl etwas vergesslich? Darüber haben wir doch bereits bei seinem letzten Besuch gesprochen.*«

Er spielte nun etwas den Gelangweilten, als er sich dem Angestellten wieder zuwandte: »Was soll ich sagen, 250 US-Dollar würden mir schon etwas weiterhelfen.«

Und dann wurde Fiete wieder todernst und sehr nachdrücklich: »Sagen Sie mal, junger Mann, haben Sie nach Ihrem letzten Besuch bei mir den Notizzettel weggeworfen? Dort hatten Sie doch schon notiert, dass ich 250 US-Dollar haben möchte!«

Er blickte Fiete total verlegen an: »Sorry, muss ich wirklich irgendwie durcheinandergebracht haben, aber bis zu Ihrer Abreise, an dem Tag, an dem Sie das Krankenhaus verlassen, haben Sie das Geld, das schwöre ich Ihnen!«

Fiete nickte zustimmend, aber wirklich trauen tat er dem Clerk nicht.

»*Auf alle Fälle bekomme ich ja noch Geld im Wert von 150 US-Dollar aus Deutschland.*«

»Well, nun weiter, möchten Sie denn gern hinter Ihrem Schiff herfliegen? Die ›Marie Reith‹ läuft von Newport News, Ballastschiff, nach Kanada. Ladehafen ist Trois Riviers am St.-Lawrence-Strom. Da könnten Sie hinterherfliegen und wären in zwei Tagen wieder an Bord bei Ihren Kollegen.

Die zweite Option besteht darin, dass Sie ein Flugticket nach Hamburg erhalten.«

Fiete blickte ihn nun sehr überrascht an.

»*Wenn ich das Angebot nach Hamburg annehme, dann bin ich endlich von dem Dampfer weg. Niemand weiß, ob er in nächster Zeit mal wieder in die Nähe Deutschlands kommt. Außerdem hat der Reeder mich sowieso voll verarscht, Schlüsselmatrose, aber ohne Heuer für einen Matrosen ohne Brief. Scheiße!*

Und wo der Alte immer den Daumen auf unserem Geld hat und wenn es tatsächlich Vorschuss gibt, liegt bei der Auszahlung auch noch seine Knarre in der obersten offenen Schublade seines Schreibtisches.

›*Damit alle locker bleiben.*‹ *Spinner! Gesetzt den Fall, ich fliege direkt nach Hause, wie komme ich dann jemals wieder an meine kompletten Klamotten und die Ausrüstung?*

Die teilen die Muschkoten doch hundertprozentig untereinander auf.

Nee, nee, ich wähle Kanada und gehe dort wieder an Bord. Dann muss ich eben mal schauen, wie es weitergeht!«

Der Clerk blickte mit gerunzelter Stirn anscheinend schon etwas unruhig fragend zu dem im Bett liegenden Fiete.

»Alles gut, junger Mann, ich fliege dem Dampfer hinterher!«

Zufrieden mit sich selbst und seiner Entscheidung blickte er dem Agenturvertreter ins Gesicht.

»Okay, dann werde ich alles in die Wege leiten und sofort die Flüge für Sie buchen.«

»He, wieso ›die Flüge‹, wenn ich mir diese Frage erlauben darf?«

»Dürfen Sie. Was meinen Sie, ob Sie der Flieger von New York wohl direkt bis nach Quebec bringt?

Das möchte ich doch wohl bezweifeln.

Aber machen Sie sich keine allzu großen Sorgen, werden Sie erst mal wieder richtig gesund, den Rest regeln wir schon für Sie.

Ich sage dann fürs Erste einmal: Good bye and see you!«

Damit verließ er hochzufrieden das Krankenzimmer, wobei Nancy sich an ihm vorbeidrückte und schnurstracks auf Fietes Bett zuging.

Fiete verdrehte seine Augen ein klein wenig: »*Was will sie denn jetzt schon wieder? Langsam wird sie aber zur Landplage!«*

»Hello, Nancy«, ganz freundlich und auf Gentleman machend lächelte er sie an.

»Solltest du später deine Sachen«, und dabei zeigte sie auf seine alte, verschlissene Reisetasche, »ausgepackt und dir eventuell etwas übergezogen haben, dann komm doch bitte mal zum Stationszimmer, die Geldanweisung aus Germany ist eingetroffen, my dear.«

Sie lächelte ihn vielsagend an, und ihre Hand glitt, wieder einmal, zärtlich über seine Wange.

Es war ihm beinahe schon peinlich.

»Vielen herzlichen Dank, ich komme nachher bei euch vorbei, sobald ich mich angezogen habe.«

Mit recht aufreizend wippenden Hüften verließ Nancy den Raum. Erleichtert aufatmend lehnte Fiete sich im Bett zurück und atmete erst einmal ordentlich aus.

»*Hoffentlich komme ich hier bald raus. Die ist ja wohl vollkommen notgeil, wahrscheinlich etwas nymphoman, die Gute. Nicht dass sie noch einmal auf die Idee kommt und mich wieder ins Lager zerrt!*«

Dann grinste er plötzlich verschmitzt übers ganze Gesicht, während er den Reißverschluss seiner alten Reisetasche öffnete.

»*Sie hat schon was drauf, und schön war es auch, unbestritten!*«

Er warf einen kontrollierenden Blick in die Reisetasche: Nietenhose, Unterwäsche, ein Oberhemd mit kurzem Arm, Landgangsjacke, Socken und Waschzeug.

»*Verdammt noch mal, wo ist denn mein Schlafanzug? Was hat Garcia da nur eingepackt? Meint er, im Krankenhaus benötigt man keinen Pyjama? Scheiße auch! Na, dann muss ich mich eben so behelfen.*«

Fiete zog seine Landgangsklamotten an und begab sich umgehend zum zentralen Zimmer der Station, wo Nancy und ihre Kolleginnen ihn schon erwarteten.

Die Oberschwester legte Fiete ein Formular vor und meinte nur kurz angebunden: »Hier müssen Sie unterschreiben.« Sie wies mit ihrem Zeigefinger auf eine leere Zeile. Fiete unterschrieb, und sie händigte ihm 150 US-Dollar aus.

»So«, schmunzelte er, während er das Geld entgegennahm und in seiner Hosentasche verschwinden ließ, »*das hätte ich dann schon mal*«, und der Oberschwester zugewandt: »Vielen Dank für Ihre überaus große Mühe!«

Sie lächelte ihn nur geschäftsmäßig an und nickte verstehend mit dem

Kopf, in Gedanken war sie wahrscheinlich schon wieder bei einem anderen Patienten.

Nancy begleitete Fiete noch einige Schritte den Gang hinunter.

»Du machst angezogen ja auch eine ganz gute Figur, da könnten wir doch heute Abend gemeinsam in eine Bar oder zu mir gehen. Was hältst du davon?«

Ein hintergründiges Lächeln kräuselte ihre roten Lippen, aber dann sah sie, dass sich Fietes Augen erschrocken weiteten.

»Sie ist eine Nymphomanin, bekommt einfach nie genug. Ich glaube, jetzt spinnt sie total! Allmählich kommt sie mir recht seltsam vor.«

Fietes Gedanken wirbelten wie wild durcheinander.

Nancy lächelte immer noch. Ihr Lächeln verstärkte sich noch, nachdem sie Fietes erschrockenen, alles abwehrenden Gesichtsausdruck gesehen hatte.

»He, Fred, locker bleiben, no worry, war doch nur ein kleiner Scherz. So, ich muss nun wieder arbeiten, I see you!«

Bevor er noch etwas zu seiner Entlastung hervorbringen konnte, war sie bereits im nächsten Krankenzimmer verschwunden.

Er ging in sein Zimmer und legte sich mit voller Montur aufs Bett.

»Puh, die schafft mich, es wird wirklich höchste Zeit, dass ich hier wegkomme. Ich fühle mich auch schon wieder ganz fit.«

Am nächsten Morgen, kurz nach dem Frühstück, erschien Fietes Arzt und untersuchte ihn noch einmal sehr gründlich.

»Also von mir aus können Sie reisen, alles ist so gut wie verheilt und sieht prima aus. Aber einen guten Rat möchte ich Ihnen doch noch mit auf den Weg geben: Sobald Sie wieder zu Hause und nicht krank sind, dann lassen Sie sich Ihre Mandeln entfernen, damit beugen Sie einer erneuten Entzündung vor.

Außerdem sind die Mandeln keine lebenswichtigen Organe.

So«, er gab Fiete die Hand, »gute Reise, alles Gute für Ihre weitere Zukunft.« Dann noch ein Augenzwinkern: »Und bleiben Sie gesund!«

Fiete war etwas perplex, sagte nur: »Danke, das wünsche ich Ihnen auch.« Aber das hörte der Doktor schon gar nicht mehr, weil er das Zimmer schon verlassen hatte. Dafür stand wieder der jugendlich wirkende Vertreter der Agentur in der Tür und strahlte voller Zuversicht.

»Guten Morgen, ich bringe gute Nachrichten. Ich hatte gestern schon ein Gespräch mit Ihrem Doktor, und der gab mir sein Okay, sagte, dass Sie morgen aus dem Krankenhaus entlassen werden können.

Dementsprechend hatten wir auch schon vorgearbeitet, die Flugtickets ausdrucken lassen und alles Weitere veranlasst.

Ich möchte Ihnen nun noch kurz erläutern, wie der Verlauf sein wird.

Ich hole Sie morgen am späten Vormittag ab und bringe Sie danach zum Flughafen. Sie fliegen von hier nach New York zum John-F.-Kennedy-Airport. Dort haben Sie circa zwei Stunden Aufenthalt und genügend Zeit, um Ihren Flugsteig nach Montreal zu finden.

Mit Ihrer Tasche, sie ist ja sowieso nur Handgepäck, sollte es keine Probleme geben, damit durchlaufen Sie die Kontrollen recht flott.

Sie werden in etwa am späten Nachmittag in Montreal eintreffen und dort am Airport von einem Mitarbeiter des ortsansässigen Seemannsheims abgeholt, wo Sie auch nach Plan übernachten.

Er wird Sie am Tag darauf wieder zum Airport zurückbringen.

In Quebec empfängt Sie später ein Vertreter der dort ansässigen Agentur und fährt mit Ihnen dann direkt zu Ihrem Schiff, der ›Marie Reith‹, in Trois Rivieres.

Ich habe, so glaube ich, nichts vergessen.

Haben Sie noch irgendwelche Fragen?«

»Nee, hab ich nicht. Es hört sich ja alles sehr gut an, das geht in Ordnung. Scheint ja ganz gut durchgeplant zu sein.

Nein, nein, ich bin hochzufrieden, wann kommen Sie mich abholen?«

»Ich würde mal sagen, so gegen 09:30 Uhr.«

»Gut, so weit ist nun alles klar, aber haben Sie nicht noch etwas sehr Wichtiges vergessen?«

Entsetzt blickte er Fiete an: »Wie konnte ich nur, Ihre Dollars!«

Er zerrte einen dünnen Briefumschlag aus seinem Aktenkoffer und überreichte ihn Fiete.

Fiete zählte nach: »Und nun ist wirklich alles klar!«

Dem Clerk war die Sache äußerst peinlich. Er hatte etwas Farbe bekommen: »Ich bitte Sie vielmals um Entschuldigung, ich hatte das Geld tatsächlich vergessen.«

In diesem Sinne mit einer weiteren Entschuldigung verabschiedete sich der jugendliche Clerk von Fiete.

Am nächsten Vormittag war er pünktlich zur Stelle, um Fiete abzuholen.

Der hatte sich schon nach dem Frühstück von Nancy verabschiedet. Sie hatte ihm dabei noch ihre Visitenkarte zugesteckt und ihm ins Ohr gehaucht: »Call me when your ship is coming back to Newport.«

Sie hatte am Abend zuvor noch einmal versucht, ihn zu locken, aber ihm erschien die ganze Angelegenheit nicht wirklich geheuer zu sein, und so hatte er sie mit einigen lapidaren Ausreden sanft und behutsam abgewiesen, was sie letztendlich auch verstand, aber sehr traurig machte.

Das konnte man ihr auch gut ansehen.

Am Ende gaben sie sich dann doch noch einen langen, innigen Kuss, und danach verließ Fiete schnell das Krankenhaus, ohne zurückzublicken.

Seine Gedanken weilten schon wieder an anderen Orten.

Das Wetter war wunderbar, als sie zum Airport fuhren, eine leichte Brise und viel Sonne.

Heimfahrt oder auch die letzte Reise

Der Flug von Newport News Williamburg International Airport nach New York verlief ohne größere Schwierigkeiten, und Fiete schlenderte suchend durch die riesigen Hallen vom J.-F.-K.-Airport in New York. Er suchte die Haltestelle eines Airtrains, der ihn zu seinem Flugsteig für den Weiterflug nach Montreal transportieren sollte.

Nach einiger Zeit und etlichen Fragen hatte er dann auch endlich den richtigen Airtrain gefunden, der ihn in die Nähe seines Flugsteiges fuhr.

Er traf rechtzeitig zum Boarding am Gate seiner Airline ein, zeigte seine Bordkarte vor und konnte ohne Umschweife an Bord seines Fliegers gehen. Als er seine alte Reisetasche im Gepäckfach über den Sitzen verstaut und seinen Platz eingenommen hatte, betrachtete er verstohlen und zugleich neugierig seinen Platznachbarn: einen schlanken Mann mittleren Alters.

Mit seinen circa 1,75 Meter Körpergröße hatte er Fietes Gardemaß und – wie es schien – einen leicht mexikanischen Einschlag, zudem sehr öliges, lockiges, schwarzes Haar.

Sein Gesicht war von einem seltsamen Bart eingerahmt: ein 0,5 Zentimeter breiter, nur die Konturen des Gesichts bedeckender abgewandelter Vollbart. Alles war sehr sauber ausrasiert, auch sein Oberlippen-Kinnbart, aber der komplette, knapp anmutende Bart dominierte das olivfarbene Gesicht.

Der Typ war komplett in schwarzes Leder gekleidet, das Oberteil, eine Weste, war mit sehr vielen Aufschriften und Buttons verziert. Am Hals und auch auf den kräftigen Handrücken konnte Fiete Tätowierungen erkennen.

»Das ist ja ein bunter Vogel«, schoss es Fiete durch den Kopf. »Vielleicht sollte er seiner Matte mal einen Ölwechsel zukommen lassen!«

Er wandte sich nun Fiete zu, lächelte und meinte: »Hello, old boy! Wie geht es dir?«

Eine Floskel, die nichts zu sagen hatte, auch wenn sie von allen Amerikanern immer und überall genutzt wird.

Fiete nickte ihm ebenfalls freundlich zu und schnallte sich an.

Später, als der Flieger die Reisehöhe erreicht hatte und alle Anschnall- und Rauchverbotszeichen aufgehoben waren, bot der Typ Fiete eine Zigarette an, und schon inhalierten die beiden den Rauch ihrer Zigaretten.

»Mein Junge«, begann Fietes Nachbar nun unvermutet, mehr zu sich selbst redend, »an und für sich empfinde ich eine angenehme Nachbarschaft und eine gute Unterhaltung im Flugzeug immer als sehr interessant.«

Fiete fuhr sofort seine Antennen aus und dachte: »*Achtung, Fiete, äußerste Vorsicht! Vielleicht ist dieser ölige Mensch auch noch vom anderen Ufer?*«

Aber bevor Fiete sich versah, fuhr er auch schon fort: »Aber heute bin ich total ausgebrannt.«

Nun, bei näherem Hinsehen konnte man ihm schon eine gewisse Müdigkeit ansehen.

Wieder blickte er Fiete an, während der Rauch seiner Zigarette langsam aufstieg: »Du wirst es mir nicht glauben, aber ich komme geradewegs von einer Beerdigung. Wir haben heute in New York einen Bruder zu Grabe getragen. Er wurde erschossen, zwei Kugeln im Kopf, zwei in der Brust.«

Abrupt wechselte er das Thema, zog dabei noch einmal ordentlich an seiner Zigarette: »Wo kommst du denn eigentlich her und was machst du?«

»Ich bin ein deutscher Seemann und lag in Newport News im Krankenhaus.«

»Okay, okay.« Es war wieder, als spräche er zu sich selbst, und dabei murmelte er leise: »Und die verdammten Bullen haben noch nicht einmal die Schuldigen eingelocht, obwohl jeder weiß, welche Gang ihn umgelegt hat.

Weißt du, mein Junge, ich bin der Headman, auch Präsident genannt, eines Motorradclubs aus der Nähe von Montreal. Unser Club ist nicht mal sehr groß, aber äußerst effektiv.«

Irgendwie grinste er immer etwas schief, sobald er Fiete ansah.

»Dann seid ihr also so 'n Rockerclub, Leute, die immer nur so herumcruisen?

Und sich in ihrem Stammlokal volllaufen lassen und die Puppen tanzen auf den Tischen?«

»Na ja«, versuchte er nun mit einer lässigen Handbewegung abzuwiegeln, »wir sind einfach ein stinknormaler Motorradclub.«

Fiete versuchte das Gespräch wieder aufzunehmen.

»Warum reisen Sie als Präsident dann allein, und zwar zu der Beerdigung eines scheinbar doch so wichtigen Kollegen in New York?«

Aber irgendwie schien der Präsident nun total abgeschaltet zu haben. Bis Montreal war kein Wort mehr aus ihm herauszubekommen. Er sagte einfach nichts mehr.

»Das ist ja ein komischer Kerl!«, ging es Fiete noch einmal durch den Kopf.

Nach einem ruhigen Flug und einer perfekten Landung in Montreal verließ der Rocker mit Fiete zusammen das Flugzeug. Nach dem Passieren der Zollkontrolle hob er noch einmal ganz lässig seine tätowierte Hand zum Gruß und war kurz darauf in der Menschenmenge verschwunden.

Fiete blickte noch einige Male nach links und rechts, konnte ihn aber nicht mehr entdecken, weil auf einmal ein Schild mit seinem Namen in sein Blickfeld geriet.

Fiete sah den Menschen an, der das Schild hielt: ein baumlanger, schlaksiger Kerl mit einem pockennarbigen Gesicht.

»He, that I am«, zeigte Fiete auf den Namen, der auf dem Schild prangte.

»Okay, my name is Joe, go ahead. Das Auto steht bereit für die Fahrt ins Seemannsheim, wo Sie dann ja übernachten werden.

Die Maschine nach Quebec geht morgen früh um 10:30 Uhr.«

Dann machte er ein eindeutiges Zeichen und setzte sich auch sogleich Richtung Ausgang in Bewegung. Fiete folgte ihm natürlich auf dem Fuße.

Kurze Zeit später saßen sie im Auto und verließen zügig das Flughafengelände Richtung Montreal.

Nach einer sehr unruhigen Nacht mit zwei schnarchenden Kollegen und einem ausgiebigen Frühstück war Fiete schon wieder unterwegs zurück zum Flughafen.

Dort, Gate für Inlandflüge, in diesem Fall nach Quebec, bekam Fiete zum ersten Mal vor Staunen seinen Mund nicht wieder zu.

»Was ist das denn?«, entfuhr es ihm unbewusst.

Vor ihm auf dem Flugfeld stand in der Parkposition eine recht alt wirkende Douglas DC-3, eine Propellermaschine.

Fiete blickte seinen Fahrer, den langen, schlaksigen Kerl an: »Das ist doch wohl nicht euer Ernst! Mit dem Ding werden doch keine Passagiere befördert?«

»Oh doch«, bestätigte der Fahrer. »Das Flugzeug ist topfit und wird sicherlich auch noch einige Jahre im Linienverkehr zubringen.«

»Na, dein Wort in Gottes Ohr!«

Er nahm die alte Reisetasche mit den paar Habseligkeiten, die er im Krankenhaus übernommen hatte, blickte noch einmal auf sein Flugticket und marschierte zum Gate. Einen Augenblick später war er in der DC-3 verschwunden.

Ganz so spartanisch, wie er sich die Einrichtung vorgestellt hatte, war sie denn doch nicht.

Aber um sich während des Fluges angeregt unterhalten zu können, musste man sich schon anstrengen und ziemlich laut sprechen, denn die Geräuschkulisse, die die Aggregate erzeugten, damit die Propeller auch volle Kraft drehten, waren sehr intensiv im Inneren der Maschine zu hören.

Zum Glück dauerte der Flug von Montreal nach Quebec nicht allzu lange, und Fiete verließ nach der Ankunft froh, glücklich und unbeschadet, seine Reisetasche fest im Griff, die Douglas DC-3 und begab sich in die Ankunftshalle.

Menschen mit Namensschildern gab es hier zuhauf, jeder wollte irgendwelche Leute abholen. Nur leider hielt hier niemand ein Schild mit Fietes Namen hoch.

Allmählich leerte sich die Halle, und es standen nur noch ein paar wenige Personen herum, unter anderem auch ein kräftiger junger Mann.

Dieser hielt zwar ein Schild in den Händen, aber es stand kein Name oder sonst irgendetwas darauf.

Fiete schlich um die noch verbliebenen Anwesenden herum und blickte dabei auch neugierig suchend über die Schulter des besagten dicklichen jungen Mannes. Dabei konnte er plötzlich sehen, dass sein Name tatsächlich auf dem Schild stand, aber auf der dem Mann zugewandten Seite!

»*Mannomann, was für eine Pappnase!*«

Kurzerhand tippte er dem jungen Mann auf die Schulter, zeigte auf das Schild und dann, immer noch wortlos, auf sich, und der junge Mann zeigte sich total überrascht.

»Oh, that´s you?«

Fiete nickte wortlos bejahend.

»Dann folgen Sie mir bitte, das Auto steht auf dem Parkstreifen.«

Sie gingen zum Auto, Fiete legte seine Reisetasche auf den Rücksitz, danach nahm er vorn auf dem Beifahrersitz Platz.

Sofort startete der junge Mann das Fahrzeug, welches sich sogleich in Bewegung setzte.

Kurz nachdem sie Quebec verlassen hatten, war der Fahrer der Meinung, er müsse Fiete über den weiteren Verlauf der Autofahrt unterrichten.

»Wir werden so ungefähr eineinhalb Stunden fahren, bevor wir Trois Rivieres erreichen.«

Ein wahres Glück, dass die Heizung in Ordnung war und gut funktionierte, denn hier in der Nähe von Quebec war noch tiefster Winter und es war ziemlich kalt. An den Straßenrändern lag der Schnee bestimmt einen Meter hoch.

Die Straßen, über die der junge Mann ihn chauffierte, waren geräumt und zogen sich wie ein schwarzes Asphaltband durch die Berge und Hügel, die sie während ihrer Fahrt passierten.

Von Quebec aus fuhren sie wieder grobe Richtung Montreal. Dabei mussten sie fast ein Drittel der bereits mit dem Flieger zurückgelegten Strecke zurückfahren, um **Trois Rivieres**, direkt am St.-Lawrence-Strom gelegen, zu erreichen.

46° 20′ 15.92″ Nord / 72° 32′ 28.36″ West

Nach einer etwas eintönigen Fahrt – ein Gespräch wollte nicht so recht in Fluss kommen – ging es endlich langsam wieder bergab, und in einiger Entfernung tauchte vor ihnen eine kleine Stadt auf mit dem St.-Lawrence-Strom im Hintergrund. Aus dieser Entfernung konnte man schon den Hafen und ein dort an dem Kai liegendes Frachtschiff von mittlerer Größe erkennen.

Dort lag die »Marie Reith«, ein kleines Stück Heimat.

Obwohl es nur eine Woche her war, seitdem er die »Marie« verlassen hatte, kam es ihm doch wie eine Ewigkeit vor.

An der Pier angekommen erkannte Fiete sofort, dass die »Marie« komplett abgeladen war. Sie lag tief im Wasser des Flusses, das in der Höhe der Lademarke gegen die Bordwand schwappte.

Die bereits geschlossenen Luken deuteten auch darauf hin.

Der junge Mann ging mit Fiete an Bord, um sich noch sein Ticket abzeichnen zu lassen.

Fiete wurde sehr herzlich begrüßt, der Erste Offizier, Herr K..., sowie der Kapitän schienen erleichtert ob seiner Genesung und Rückkehr an Bord der »Marie Reith« .

Nachdem der Papierkram erledigt und der Angestellte der Agentur schon wieder das Schiff verlassen hatte, wandte sich der Erste fragenden Blickes Fiete zu.

»Und? Alles in Ordnung, bist du wieder fit?«

Erwartungsvoll blickte er immer noch Fiete an.

Fiete überlegte einen kurzen Augenblick.

»Nun bloß ruhig Blut, nur nichts Verkehrtes sagen.«

Aber einen kleinen Schuss Ironie konnte er sich dann doch nicht verkneifen.

»Na ja, was soll ich sagen. Wie man sich eben fühlt nach einer kleinen, harmlosen Sommergrippe.«

Der Erste bekam einen starren Blick, holte tief Luft, aber bevor er etwas erwidern konnte, fuhr Fiete schon fort: »Ne, also Spaß beiseite, gesund bin ich nun ja wieder, alles ausgeheilt. Ich fühle mich ganz wohl. Bin nur etwas geschafft von der Flieger- und Fahrerei.

Übrigens, wie vorhin schon im Scherz angedeutet, ich weiß nicht, ob man es Ihnen schon mitgeteilt hat, Ihre Diagnose und Behandlung waren denn doch nicht so ganz richtig.« Dabei winkte er lässig mit seiner freien Hand ab. »Aber ist ja trotzdem alles noch einmal gut gegangen.

So, ich bring man eben meine Tasche in die Kammer und zieh mich um, damit ich die Jungs beim Seeklarmachen unterstützen kann.«

Der Erste blickte aufgrund Fietes kleiner Rede etwas pikiert, sagte aber nichts dazu, und Fiete begab sich nach unten in seine Kammer.

Etwas später erschien er dann in voller Montur an Deck und wurde von allen mit lautem Hallo begrüßt.

Im Hintergrund sah Fiete aus den Augenwinkeln eine große, kräftige dunkelhäutige Gestalt in einem Blaumann stehen, auf dem Kopf trug er, wie die Franzosen ihre Baskenmützen, den schmierigen, ehemals weißen Mützenüberzug einer Offiziersmütze.

Der blinde Passagier!

Fiete blickte in die Runde: »Sidi, komm mal mit!«

Sidi folgte augenblicklich seiner Aufforderung.

»Was soll das denn? Ist der Blinde jetzt an Deck?«

»Ja, hat der Erste so angeordnet, für leichte Arbeiten.«

»Weshalb ist er denn nicht eingeschlossen so wie in den USA?«

»Na, die Kanadier sind da ganz leger, die stellen sich nicht so pingelig an wie die Amis.«

»Okay, vielleicht macht er ja noch 'nen langen Schuh, dann wären wir den Kerl endlich los!«

»Nee, nee, Fiete, das glaube ich nun wirklich nicht. Der fühlt sich hier im Moment pudelwohl. Der haut nicht ab, wenn wir da nicht etwas nachhelfen.«

»Na gut, mir letztendlich auch vollkommen egal, nicht mein Problem, nur das der Schiffsleitung.

Okay, alles klar, los, Jungs«, richtete er nun wieder seine Worte an die Deckscrew: »Auf geht's, Bäume runter!

Ich geh schon mal Achterkante Luke eins an die Kontroller und dann nehmen wir die Bäume runter.«

Daraufhin kam von Sidi ein überaus lang gezogenes: »Okay!«

Sein Blick verhieß nichts Gutes, und sein Gesicht hatte einen seltsamen Ausdruck.

Fiete erklomm das Windendeck und ging an die Kontroller. Dann ließen sie die Faulenzer auflaufen, bis Druck auf dem Draht war und die Hangardrähte entriegelt werden konnten.

Fiete drehte sich herum, um nun die Bäume wegzufieren, aber was er da an Deck sah, ließ ihn vollkommen ausrasten.

Mitten auf dem vorderen Teil von Luke eins stand der illegale Mensch, der absolut keine Ahnung von den seemännischen Arbeiten hatte, breitbeinig in voller Lebensgröße und gab Fiete nun eindeutige Zeichen, wie er die Bäume wegfieren sollte.

Fiete hielt mit dem Fieren inne, blickte sich hektisch auf dem Windendeck um und hatte gefunden, was er gesucht hatte.

Er nahm den Schlitzbolzenschäkel auf und warf ihn mit aller Kraft in die Richtung des blinden Passagiers. Der Schäkel schlug mit lautem Krachen auf die Lukendeckel auf und schlidderte dann mit hoher Geschwindigkeit in Richtung des Blaumanns, der sich mit einem riesigen Satz in Sicherheit brachte, während der Schäkel laut scheppernd in der Lukentasche einschlug.

Der blinde Passagier rannte unter lautem Fluchen, was keiner verstand, über das Hauptdeck nach achtern, begleitet von einem wütenden Ausruf Fietes: »Verschwinde von Deck, du Sack, und lasse dich ja nicht wieder in meinem Dunstkreis blicken!«

Er hatte Fiete bestimmt nicht verstanden, aber der laute, aggressive Tonfall machte ihm umso mehr Beine.

Danach war er nicht mehr zu sehen, nirgendwo, einfach weg.

Einige Zeit später – alle Bäume waren unten und in ihren Halterungen gesichert, die Jungs räumten gerade noch die Preventer weg – erschien der Erste Offizier an Deck.

Er ging direkt auf Fiete zu, und sein Gesichtsausdruck war sehr ernst.

»Fiete, wir laufen nachher gleich aus, aber vorher sollten wir uns vielleicht einmal etwas unterhalten, okay?«

Er machte auf der Hacke kehrt, und Fiete folgte ihm auf dem Fuße.

In der Kammer des Ersten angelangt bot er Fiete einen Stuhl an und fragte ihn unverblümt: »Was ist, ein Bier?«

Erstaunt nickte Fiete bejahend, nahm die Flasche und trank unaufgefordert einen großen Schluck.

Dann begann der Erste und er kam sofort und ohne Umschweife zur Sache.

»Sag mal, bist du meschugge? Wolltest du diesen armen Menschen umbringen? Was meinst du, was passiert, wenn der den Schäkel gegen seine Knochen bekommen hätte?«

Fiete war überhaupt nicht mehr sauer und versuchte sich deshalb angemessen zu verteidigen.

»Zuerst mal eine Frage, Herr K…, warum hat mich denn niemand darüber informiert, dass dieser Spacken sich überhaupt an Deck befindet?«

»Das steht doch im Moment hier gar nicht zur Debatte«, versuchte der Erste Offizier in aller Ruhe diese Frage zu umgehen.

»Das bringt doch nichts, der Typ hat gar keinen Plan von irgendwelchen seemännischen Arbeiten, steht da an Deck, grinst mich an und will mir auf einmal zeigen, wo der Weg langgeht?

Nein, und das sollten Sie auch mal von Ihrer Warte aus betrachten!

Okay, vielleicht habe ich vorhin etwas überreagiert. Trotzdem hat der Typ an Deck, nach meiner Meinung, nichts verloren. Außerdem ist es dort viel zu gefährlich für ihn. Das Risiko einer schweren Verletzung schwebt doch jedes Mal über ihm.«

»Komm, Fiete, mach mal halblang, so blöd ist der doch auch nicht.«

»Ich weiß eigentlich gar nicht mehr so recht, was ich sagen soll, aber irgendwie komme ich mir vor wie im falschen Film.

Sie verteidigen den Typen so, als wäre er in der Zeit meiner Abwesenheit zum Schlüsselmatrosen avanciert. Wenn es dann so sein sollte, dann habe ich hier bestimmt nichts mehr verloren!«

»Fiete, hör auf damit, du weißt doch ganz genau, dass es so nicht ist, und ich finde es schon etwas vermessen von dir, solche Vermutungen zu äußern.«

Ohne auf die warnenden Worte des Ersten zu achten, fuhr Fiete fort. Er steigerte sich immer mehr in die Angelegenheit hinein.

»Ich wundere mich sowieso, dass der Bursche überhaupt noch an Bord ist, wo die Jungs ihn doch schon bei seiner Entdeckung über die Mauer hieven wollten! Wäre doch 'ne prima Chance gewesen von Newport hierher, er fällt ins Wasser und bei den Wassertemperaturen macht der nicht einmal zehn Minuten.«

Fiete hatte sich in Rage geredet und war nur noch stinksauer.

»Hallo, junger Mann, hallo, immer ganz ruhig, der Mensch sollte nur an Deck aushelfen, so gut es geht. Keiner konnte auch nur annähernd ahnen, dass er sich gleich zum Einweiser aufschwingt.

Aber das Ding mit dem Schäkel war nicht in Ordnung, vielleicht muss ich es sogar ins Journal eintragen.«

»Erklären Sie mir doch mal bitte, wie Sie das ins Journal eintragen wollen, mit Strafantrag?«

Von jetzt an bewegte sich Fiete auf ganz dünnem Eis. Aber es war so, als würde ihn der Teufel reiten.

»Wie machen Sie das, wenn bis heute dort doch noch nicht eine Silbe über seine Anwesenheit hier an Bord vermerkt wurde?

Da hätten Sie aber noch allerhand nachzutragen.«

»Fiete, nun mal ganz ruhig, achte darauf, was du sagst. Wir sitzen hier zusammen, und keiner bekommt von unserem Gespräch etwas mit. Also, tue dir selbst einen Gefallen und überlege gründlich, was du von dir gibst.«

Fiete trank einen Schluck aus der Bierflasche, lehnte sich auf seiner Sitzgelegenheit zurück und versuchte, sich zu beruhigen. Trotz allem begann er erneut.

»Wissen Sie, Herr K…, ich fahre hier monatelang als Schlüsselmatrose durch die Gegend und erhalte nur die Decksmannheuer. Okay, ich darf Stunden machen bis zum Gehtnichtmehr, das ist ein Entgegenkommen der Schiffsleitung, soweit okay.

Aber was ist hier an Bord mit der Besatzungsrolle: kein Bootsmann, kein Storekeeper, kein Zweiter Offizier? Alles Leute, die aus meiner Sicht eingespart werden, weil wir keinen deutschen Hafen anlaufen?

Das ist doch Beschiss hoch drei!«

Der Erste Offizier hob nun beschwichtigend die Hand, er war noch ruhiger geworden, und seine, wie immer heisere Stimme hörte sich fast normal an.

»So, mein Lieber, nun bin ich doch Ihrer Meinung«, plötzlich siezte der Erste Fiete wieder. »Ich glaube, Sie sollten in unserem nächsten europäischen Hafen, in Rouen, von Bord gehen. Ich halte es für besser, wenn wir uns trennen. Schreiben Sie ruhig als Grund Ihrer Kündigung ›Eigener Wunsch‹, ich werde das anstandslos unterschreiben, und ich hoffe, dass Sie sich auf dem 14-tägigen Seetörn, der uns nun bevorsteht, wieder etwas einkriegen werden.«

Der Erste erhob sich von seinem Platz. Die Unterredung war beendet.

»Ach, und noch etwas, junger Mann! Sollte dem blinden Passagier auf der Überreise ein Ungemach entstehen, werde ich Sie dafür zur Verantwortung ziehen.«

Fiete lag eine deftige Antwort auf der Zunge, aber er biss sich auf die Lippe und erwiderte nichts, sondern stand auf und verließ wortlos die Kammer des Ersten Offiziers. Seine Gedanken rasten.

»Was für ein Arschloch. Nein, Scheiße verdammte, ich bin hier das Arschloch, warum kann ich auch nicht einmal mein loses Maul im Zaum halten!«

Er ging runter zum Hauptdeck, klar vorn und achtern liefen gerade an, und er begab sich auf seinen Posten.

Die Routine hatte sie im Griff, schnell war die »Marie« losgeworfen und löste sich von der Kaianlage, um dann langsam ins Fahrwasser des St.-Lawrence-Stroms zu gleiten.

Das Seeklarmachen auf der Back ging mit flinken, geübten Handgriffen flott voran, im Nu waren die Festmacherleinen ins Kabelgatt gefiert und auf die Grätings verstaut.

Das Ankergeschirr blieb im Augenblick noch unberührt, man konnte ja während der Revierfahrt auf dem St.-Lawrence-Strom nicht im Voraus ahnen, ob es noch benötigt würde.

Also war das Ankergeschirr noch immer klar für let go Anker.

Alle begaben sich in die Mannschaftsmesse, es war offiziell Ausscheiden und Zeit fürs Abendessen, nur Fiete stieg die Außentreppe hoch zur Brücke auf Wache.

Abends, nach Wachende, begab Fiete sich in die Messe, um noch eine Kleinigkeit zu essen und ein Bier zu trinken, hinterher unter die Dusche, damit er dann frisch geduscht in seine Koje steigen konnte.

In der Mannschaftsmesse traf er noch auf Karl, den Langen, Sidi und einige andere Besatzungsmitglieder.

»Eh, nun erzähl mal, wie war es denn nun im Krankenhaus? Waren da wenigstens einige hübsche Schwestern?«

Er ließ sich auch nicht lange bitten und erzählte einige Storys, wobei er recht dick auftrug, nur die Geschichte in dem Lagerraum, die verschwieg er den Jungs.

Die hätte ihm sowieso niemand abgenommen.

»Was wollte der Erste eigentlich vor dem Auslaufen von dir? Hat er dich wegen dem Fuzzy etwa zusammengeschissen?«

Garcia, sein spanischer Kammerkollege, hatte diese Frage gestellt, und alle sahen ihn gespannt an.

»Nun, wie soll ich es sagen, ich habe mich ja nicht wirklich korrekt verhalten bei dieser Sache mit dem Schäkel. Nicht dass ihr jetzt denkt, ich würde mich bei dem Blinden dafür entschuldigen, aber ich bin drauf und dran, zum Einlaufen in Rouen zu kündigen!

Nein, an und für sich ist es schon besiegelt, ich kündige zum Einlaufen. In Rouen ist für mich Ende, Schicht im Schacht!«

In der Messe herrschte für einen kurzen Augenblick atemlose Stille, und dann redeten plötzlich alle durcheinander.

Sidis lautes Organ setzte sich dann aber durch. Er ergriff das Wort: »Das passt schon, ich habe nämlich auch die Nase voll, ich mache es so wie du, ich kündige auch. Nichts wie weg hier!«

Und so kam es dann, dass die komplette Decksbesatzung, ebenfalls der Assi Karl und der türkische Reiniger Ylmaz, zum Einlaufen in Rouen ihre Kündigung schrieben.

Nur der Lange, der Ludwig, tat Fiete irgendwie leid. Er war schon den Tränen nahe, weil er nicht mit ihnen abmustern konnte. Hier auf der »Marie« hatte man ihn vom Reiniger zum Schmierer umgemustert, und nun benötigte er dringend die Fahrtzeit zur Anerkennung der Ummusterung.

Da die Diskussionen in der Messe doch länger dauerten, als Fiete gedacht und gewollt hatte, kam er sehr spät in seine Kammer – so gegen Mitternacht – und fiel todmüde in seine Koje, wo er dann auch sofort vom Schlaf übermannt wurde.

Um 03:30 Uhr wurde seine Nachtruhe aber schon wieder vom Weckruf seines abzulösenden Kollegen unterbrochen, seine 04/08-Wache stand an.

Die Tage schlichen dahin, erfüllt vom Wachegehen und einigen mageren Überstunden. Diese wurden mit den üblichen Instandsetzungsarbeiten abgehandelt.

Ein neuer schöner Tag hatte sich über dem Nordatlantik angekündigt, der Erste Offizier, Herr K…, hatte Fiete soeben über die zu erledigenden Arbeiten informiert und wollte sich gerade ins Kartenhaus begeben, als Fiete allen Mut zusammennahm und ihn ansprach.

»Herr K…, ich möchte Sie bitten, mir einen kurzen Augenblick Gehör zu schenken, ich möchte da doch noch einige Sachen geraderücken.«

Erstaunt blieb der Erste auf seinem Weg ins Kartenhaus stehen.

»Ja«, meinte er lang gezogen, »ich bin ganz Ohr.«

»Na ja, ich war ja vor kurzem bei unserem Gespräch in Trois Rivieres sehr aufgeregt und habe mich, vom heutigen Standpunkt aus betrachtet, Ihnen gegenüber nicht ganz fair verhalten. Meine Argumentation war ebenfalls im höchsten Grade unsachlich.

Daher möchte ich mich heute bei Ihnen für die Anfeindungen und alles andere entschuldigen.

Ich hoffe sehr, dass Sie meine Entschuldigung annehmen.«

Es folgte eine Pause, und man spürte förmlich die in der Luft liegende Spannung. Und dann, ein kurzer Zeitraum war verstrichen, begann der Erste zu antworten: »Okay, Fiete, ich bin nun aber doch sehr erstaunt. Ja, ich nehme deine Entschuldigung an. Was du da gesagt hast, vergeben und vergessen.«

»Vielen Dank dafür!«

»Und du brauchst auch keine Bange zu haben von wegen einer Tagebucheintragung, ich habe nichts ins Journal geschrieben.«

»Danke!«, und in Gedanken klopfte Fiete sich auf die Schultern.

»Hab ich doch genau gewusst, dass er keine Eintragung macht. Ich erkenne meine Schweine doch am Gang!«

»Okay, dann werde ich mal wecken gehen!«, und so verschwand er auf einer der Außentreppen und hinterließ einen sehr nachdenklichen Ersten Offizier.

Seetag, Arbeitstag, Zutörnen für die gesamte Decksbesatzung.

Und zwar stand an, was am meisten auf Frachtschiffen in Fahrt getan werden musste: Rost stecken, Mennigen und abschließend der Hauptanstrich.

Fiete war immer noch Schlüsselmatrose und Kabelede in Personalunion.

Also hatte er auch dafür Sorge zu tragen, dass alle Werkzeuge und Gerätschaften in Ordnung waren.

Heute sollte die Achterkante der Back ausgebessert werden.

Er besah sich die Roststecker der Leute und meinte nur: »Leute, macht einen Verholer, ich gehe mal eben in die Werkstatt und schleif die Stecker wieder an, mit denen kann ja kein Mensch arbeiten. Die sind so stumpf, darauf kannst du ja nach Laramie reiten, und dein Arsch ist immer noch heil.

Also, ich bin gleich zurück!«

Alle winkten grinsend ab und zündeten sich erst mal ihre Zigaretten an, während Fiete sich die Roststecker unter den Arm klemmte und sich in die Maschine begab.

In der Maschinenwerkstatt ging er zum Schleifblock und schärfte die Roststecker vernünftig an.

Er drehte sich um: Auf der anderen Seite am Schraubstock arbeitete der Lange.

»Sag mal, wo ist Karl?«, rief er dem Langen zu und versuchte, den Maschinenlärm zu übertönen.

Der Lange zeigte mit dem Daumen nach unten, und Fiete folgte seinem

Hinweis, glitt die Niedergänge mit den blanken Handläufern hinunter, immer tiefer in den Bauch des Schiffes.

Er musste Karl in einer speziellen Sache unbedingt noch etwas fragen.

Und dann erblickte er ihn. Er stand nur fünf Meter von ihm entfernt und wollte ihm gerade etwas zurufen, da explodierte mit einem Höllenlärm der zwischen ihnen an Backbordseite stehende Hilfsdiesel. Mit ohrenbetäubendem Lärm hatte ein Pleuel das Gehäuse des Diesels seitlich durchgeschlagen und war dort herausgetreten. Metallsplitter flogen allerorten durch die Gegend, während heißes Öl auf die unteren Klappen der Hauptmaschine und die Flurplatten spritzte.

Irgendwer musste geistesgegenwärtig den Notstopp des Aggregats betätigt haben, denn der Pleuel verharrte bewegungslos in seiner Position, halb im Diesel, halb draußen.

Fiete stand wie versteinert und nicht einer Regung fähig, hielt er mit seiner Rechten das Geländer umklammert, sodass sich die einzelnen Knochen weiß unter der Haut abzeichneten.

Plötzlich klopfte ihn von hinten jemand auf die Schulter und fragte ihn gleichzeitig: »Was ist, hast du dich verletzt?«

Der Zweite Ing. stand neben ihm und sah ihn prüfend an.

Fiete erwachte aus seiner Starre: »Nein, nein, alles gut, aber sieh mal nach Karl, der stand eben noch dort vorn.« Dabei zeigte er mit dem ausgestreckten Arm auf die andere Seite des nun defekten Hilfsdiesels.

Sie liefen an dem zerstörten Diesel vorbei und sahen gerade noch, wie Karl sich aufrappelte.

»Meine Fresse, was war das denn?«

»Tja«, meinte der Zweite Ing. da trocken, »ich gehe mal davon aus, dass der Hilfsdiesel sich soeben in die ewigen Jagdgründe verabschiedet hat!

Aber Spaß beiseite, alles ist zu reparieren, und dabei werden wir auch die Ursache für diesen Unfall herausfinden.«

Jetzt erst schien er zu realisieren, dass es Fiete war, der neben ihm stand.

»Und was machst du überhaupt hier unten?«

»Ich war nur kurz in der Werkstatt und wollte Karl bei der Gelegenheit etwas fragen, aber das hat sich jetzt erledigt. Ich verschwinde jetzt schnellstens, bei euch ist es mir einfach zu gefährlich!«

Und in Windeseile erklomm er die Niedergänge und sprintete in die Werkstatt, wo Ludwig ziemlich ratlos guckend herumstand. Fiete griff sich seine Roststecker und hatte im Handumdrehen den Fettkeller verlassen.

Als er wieder vorn bei den Jungs ankam, sah Ahmed ihn etwas merkwürdig an.

»Mannomann, du solle vielleich ma kacke gehe, du sein ja leicheblass!

Haben du vielleich mit deine Stuhlgang Problem? Ich haben eine prima marokkanische Resept!«

Ahmed meinte es tatsächlich todernst und wollte Fiete nur helfen.

»Nee, mein Junge, ich habe absolut kein Problem beim Kacken. Aber wisst ihr was? Eben in der Maschine ist der Backbord-Hilfsdiesel direkt neben mir hochgegangen!«

Sidi fiel beinahe die Zigarette aus dem Mund. Dabei hielt er sich den Bauch vor Lachen.

»Willst du uns verarschen, die Werkstatt ist doch ziemlich weit oben angesiedelt, und die Hilfsdiesel sind ganz unten. Was machst du denn ganz unten im Fettkeller?«

»Hört zu, ich war ganz kurz unten bei Karl und wollte mit ihm etwas besprechen, da geht urplötzlich der Diesel hoch. Die ganzen Flurplatten voll mit Öl und Metallteilen.

Da hat es einen Pleuel seitlich richtig herausgehauen!«

Nun blickten sie Fiete alle todernst an.

»Kein Flachs?«

»Kein Flachs, wäre ich nur etwas schneller gewesen, hätte der Pleuel mich bestimmt getroffen! Ach, scheißegal, ist ja nichts passiert.

Los, die Roststecker sind noch heiß, also Attacke!«

Leise vor sich hin murmelnd begaben sich dann aber alle wieder an ihre Arbeit.

Den ganzen Tag und auch noch abends auf Wache war der Hilfsdiesel Thema Nummer eins.

Mit einem stetigen, leichten Stampfen folgte die »Marie« ihrem Kurs Südost durch den Nordatlantik.

Das Wetter hielt sich und blieb gut, eine leichte Brise, circa drei Beaufort und trocken, so konnte man es natürlich gut aushalten.

Der Golfstrom tat das Seinige dazu.

Rouen war schon so gut wie in Sicht. Einige Tage noch, und dann sollte es geschafft sein.

Allerdings hatte der Erste Offizier schon durchblicken lassen, bevor die Ablösung nicht an Bord war, dass auch keiner von der alten Besatzung das Schiff verlassen würde.

Und wenn überhaupt keine Ablösung kommt, geht der alte Tanz weiter wie gehabt.

Das war der Stand der Dinge, als sich Fiete und Ludwig abends vor der Gemeinschaftsdusche trafen.

»Na, Langer, alter Tellerwäscher, willst du dir endlich den Separatorendreck von den Griffeln spülen?«

»Ist doch klar, irgendwann muss ja jeder mal duschen!«

Und bei diesen Worten schob sich Fiete an ihm vorbei hinein in die Duschräume. Der Lange folgte ihm sogleich.

»Hör zu, Langer, wir könnten uns heute Abend doch wirklich einen kleinen Spaß erlauben und dem Smut so richtig einen verlöten. Oder was meinst du?«

»Na, dann lass mal hören«, meinte er und grinste schon vor Schadenfreude übers ganze Gesicht.

Die Mannschaftsmesse, Pantry, Kombüse, Offiziersmesse und die Gemeinschaftsdusche, all das war auf einem Deck angesiedelt, und so konnte man jeden verstehen, wenn er sich im Nebenraum unterhielt.

»Du, Langer, ich habe gesehen, dass die Kombüsentür offen stand, lass unsere Tür doch auch einen kleinen Spalt offen.«

Und dann erläuterte Fiete dem langen Ludwig seinen Plan. Das Grinsen wich überhaupt nicht mehr aus dem Gesicht des Langen.

Nach nicht allzu langer Zeit waren aus der Dusche merkwürdige, unnormale Geräusche neben dem Wasserrauschen zu hören.

Ein Gegurre und Geschnurre, viele Oooohhhhhs und Aaaahhhhs waren draußen auf dem Betriebsgang zu hören. Es nahm allmählich schon richtige Formen an, so als wäre ein Liebespaar irgendwo in den Flitterwochen.

Neugierig ob dieser Geräuschkulisse hatte der homosexuelle Koch schon mal seine Glatze aus der Kombüse in den Betriebsgang gestreckt und lauschte nun, woher diese Geräusche wohl herrühren mögen.

Immer neugieriger werdend, denn auch das Ah und Oh ging nun allmählich in liebevolles, zärtliches Gesäusel über: »Nein, fass da bitte nicht an!«, oder: »Oh, das tut aber gut!«

Nun konnte der Koch aber wohl doch nicht mehr an sich halten, schlich über den Gang und lauschte direkt an der Tür zur Gemeinschaftsdusche. Plötzlich überkam es ihn. Er riss die Tür zur Dusche auf und stürzte hinein. Was ihn aber dort erwartete, ließ ihn doch sehr schnell ernüchtert zurückfahren.

Fiete stand am Waschbecken und wusch sich, während der Lange natürlich solo unter der Dusche stand. Beide gurrten aus voller Kraft und grinsten übers ganze Gesicht, als sie den Koch erblickten.

Der hatte selbst, verständlicherweise, den Braten sofort gerochen und wollte augenblicklich auf den Hacken kehrtmachen, hatte aber nicht mit der Beweglichkeit der beiden jungen Männer gerechnet.

Denn die beiden waren schneller.

Eins, zwei, drei war der Koch in voller Montur unter die Dusche verfrachtet, ohne dass er sich großartig wehren konnte.

»So, Koch«, rief der Lange, »du weißt ganz genau, dass die Crew für dich tabu ist, leider hast du es nicht gerafft und musst daher nun erst einmal ordentlich duschen!«

Und dann kam es: Heiß, kalt, heiß, kalt und das circa fünf Minuten, und dann erst ließen sie ihn los.

»Und wage es nicht noch einmal, während wir hier drinnen sind, die Duschräume zu betreten. Beim nächsten Mal gibt es richtig auf die Glocke!«

Ohne ein Wort von sich zu geben, zog der Koch ab. Wie ein begossener

Pudel und stinksauer. Insgeheim schwor er sich aber bittere Rache zu nehmen.

»Meinst du nicht, dass wir etwas zu hart mit ihm umgegangen sind? Ich glaube nicht, dass das unser angespanntes Verhältnis zu ihm verbessert!«

Fiete blickte besorgt zur Tür und auf die nassen Spuren, die er auf den Fliesen hinterlassen hatte.

»Ach was, wenn der Kerl so verrückt ist und auf See hier aufschlägt. Mit Geifer in den Mundwinkeln, wenn ich mal so sagen darf, dann muss er mit allem rechnen. Er sollte sich vollkommen im Klaren darüber sein, dass er von der Crew niemanden anmachen darf.

War doch gut oder?«

Ein breites Grinsen beherrschte sein Gesicht.

Was für ein Tag!

Das gute Wetter hielt an und damit auch die gute Stimmung an Bord. Mittlerweile waren alle schon in Gedanken in Rouen beim Abmustern.

In Le Havre kam am frühen Nachmittag der Seine-Lotse an Bord, und die Revierfahrt auf der Seine begann. Das bedeutete, dass alle Wachgänger noch einmal Steuertörns auf Wache vor sich hatten.

Nach einer unaufgeregten, tristen Revierfahrt die Seine hinauf nach **Rouen** machte die »Marie Reith« am frühen Abend an den dortigen Kaianlagen fest. **49° 26′ 27.75" Nord / 1° 03′ 38.78" Ost**

»Ihr macht noch alles bereit für die Löscharbeiten, auch die Luken unverzüglich öffnen, damit die Stauer morgen früh gleich ohne euer Zutun mit dem Löschen der Ladung beginnen können.

Euren kompletten Papierkram erledigen wir heute Abend noch, so könnt ihr morgen, sobald die Ablöser eingetroffen sind, sofort abzittern.

Ich glaube, das ist im Sinne aller!«

Das waren denn auch so ziemlich die letzten Anweisungen, die der Erste Offizier, Herr K…, ihnen auf der »Marie Reith« gab.

Und so wurde dann alles erledigt, wie immer ordentlich und akkurat.

Am Abend dieses letzten Tages an Bord saßen alle gemütlich zusammen in Sidis Kammer, der Tangodiesel trällerte gerade den Top-Ten-Hit von Neil Young »Heart of Gold«, den alle mitgrölten.

Außerdem mussten die noch vorhandenen Alkoholreste vernichtet werden.

Fiete wollte mal für einige Augenblicke alleine sein, und hierzu hatte er sich in das Dunkel des Achterdecks an der Landseite zurückgezogen, genoss seinen Glimmstängel und hing zukunftsträchtigen Gedanken nach.

Plötzlich wurden seine einsamen Gedankengänge unterbrochen, einige ungewöhnliche Geräusche, die von der Gangway herrührten, hatten ihn aufgeschreckt.

Leise, immer darauf bedacht, sich irgendwie im Dunkeln oder Schatten aufzuhalten, näherte er sich vorsichtig an, blieb aber weiterhin für die Gestalten, die an der Gangway standen, unsichtbar.

An der Relingstreppe erspähte er nämlich drei Personen, wobei sich zwei leise miteinander unterhielten, während die dritte ab und an wild gestikulierend dazwischenfuhr.

Auf einmal konnte Fiete auch die Personen im Licht der Decksbeleuchtung erkennen: Es waren der Erste Offizier, Herr K…, der Kapitän und eine hoch aufgeschossene, kräftige, dunkelhäutige männliche Person, bekleidet mit einer Nietenhose, einem viel zu kleinen, um die Hüfte von einem Gürtel zusammengehaltenen beigefarbenen Trenchcoat und einer schwarzen Baskenmütze auf dem Kopf.

Als wäre Fiete von einer glühenden Nadel gestochen worden, sofort war er hellwach, er hatte in der dritten Person den blinden Passagier erkannt, der dort auf der obersten Stufe der Relingstreppe stand.

Fiete schlich sich noch näher an das Trio heran. Er wollte nun unbedingt mitbekommen, was dort gesprochen wurde, und fing gerade die letzten Wortfetzen des Ersten Offiziers auf, der sich immer wieder nervös sichernd umsah und dann zum Kapitän sagte: »… so, ich stecke ihm jetzt noch 350 Franc in die Tasche, damit müsste er einige Tage über die Runden kommen. Dann könnte er jetzt an und für sich abzittern! Oder ist noch irgendetwas, Herr Kapitän?«

Der Alte antwortete nicht, also steckte er dem jungen Brasilianer die Scheine in die Trenchcoattasche, um ihm danach sehr gestenreich klarzumachen, dass er nun zu gehen habe. Mit Nachdruck verdeutlichten sie ihm, dass seine Zeit auf der »Marie« abgelaufen war und er sich nun aufmachen sollte, an Land zu gehen.

Mit einem tieftraurigen, seltsam leeren Gesichtsausdruck ging er langsam die Gangway hinunter an Land. In der einen Hand trug er einen kleinen Beutel, in dem sie ihm wahrscheinlich das Notwendigste eingepackt hatten.

Danach betrat er zögernd die Kaianlagen Rouens.

STAATENLOS!

Aber darüber war er sich in dem Augenblick sicherlich noch nicht im Klaren, wie sollte er auch.

Langsam ging er über die Kaianlage, behäbig und leicht gebeugt wie unter einer schweren Last und verschwand dann letztendlich aus Fietes Blickwinkel irgendwo zwischen den Lagerschuppen und wurde von der Dunkelheit der Nacht verschluckt.

Fiete trat einige Schritte aus dem Schatten der Aufbauten heraus und ging ein paar Schritte auf den Kapitän und seinen Ersten Offizier zu, die immer noch an der Gangway verharrten und in die Dunkelheit starrten.

Und nun hatte Fiete keine Hemmungen mehr.

»Dann hätten Sie ihn auch gleich auf See außenbords werfen können, das wäre wohl der gleiche Effekt gewesen!«, bemerkte Fiete mit lauter Stimme hinter ihnen und sehr ironisch.

Erschrocken fuhren die beiden herum und fühlten sich offensichtlich durch Fiete überführt.

»Was haben Sie hier eigentlich zu suchen?«, lautete die sofortige Frage. Beide hatten sich überraschenderweise sehr gut im Griff.

»Na«, fuhr Fiete nun unbeirrbar fort, »dass Sie den Blinden bei Nacht und Nebel an den Kai schicken, das ist schon ein starkes Stück, erspart Edwin allerdings einen Haufen Geld!

Ist doch eigentlich schade, dass ich alles beobachtet habe.

Also hatte ich doch recht mit meiner Behauptung«, wandte Fiete sich nun an den Ersten Offizier, seinen ehemaligen Wachoffizier, »keinen Eintrag ins Journal, und er ist auch niemals an Bord gewesen.

Ganz großes Kino, einfach toll!«

Damit drehte sich Fiete um und wollte sich von seinen beiden Vorgesetzten entfernen, doch der Kapitän holte ihn ein und versperrte ihm den Weg.

»Und, was willst du jetzt machen?«

Mit großen, weit geöffneten Augen und einem eiskalten Gesichtsausdruck blickte der Alte ihn an.

Fiete erwiderte, uneingeschüchtert, aber maßlos traurig, den Blick des Kapitäns.

»Kommt es denn überhaupt darauf noch an, was ich will?«, fragte Fiete überaus ruhig zurück. »Gar nichts, ich habe vielleicht in Trois Rivieres einen Fehler gemacht in meiner Unbeherrschtheit und den Blinden im höchsten Grade verängstigt, weil ich mit dem Schäkel nach ihm warf.

Nur Sie beide und das, was Sie hier soeben abgezogen haben, das spottet jeder Beschreibung.

Ich hoffe nur für Sie beide, dass der Blinde morgen früh wieder hier auf der Matte steht, hoffentlich ohne die ihm zugesteckte Kohle, dann könnten Sie ja eventuell noch etwas retten.«

Er ließ den Kapitän einfach stehen und begab sich in Richtung Mannschaftsmesse, dabei hörte er noch in seinem Rücken irgendjemand vor sich hin sagen: »Sei nur froh, dass du schon gekündigt hast.«

Achtern ging er den Niedergang hinunter und hörte dabei schon die Geräuschkulisse der Party aus Sidis Kammer. Wahrscheinlich hatte die Feier schon richtige Formen angenommen.

Er betrat die Kammer und wurde sofort mit lautem Hallo begrüßt. Er griff sich die Rumflasche, setzte sie an und trank einen wahrhaft riesigen Schluck.

Daumenbreite senkrecht!

Am nächsten Morgen betrat er etwas später als sonst, schon in Landgangsklamotten, die Mannschaftsmesse, und hielt sich etwas den Schädel, der Rum hatte doch ordentlich Wirkung gezeigt.

Und dort saßen sie nun alle in ihren Landgangspäckchen und wirkten so bekleidet, doch etwas deplatziert.

Trotzdem waren sie alle guter Dinge.

»Und, was ist? Wo fahrt ihr hin?«

Fiete blickte die Jungs fragend an, und die Antwort kam sofort.

»Natürlich nach Hamburg, was glaubst du wohl? Wir werden den Säuferexpress schon richtig aufmischen!«

»Okay, okay, erst einmal muss ja unsere Ablösung hier eintrudeln, ansonsten haben wir nämlich alle die Ehre, noch eine Reise auf diesem Schlorren abzureißen!«

»Ach, komm, Fiete«, Karl blickte ihn nachsichtig an, »das glaubst du doch wohl selbst nicht. Wir haben hier allerhand heiße Tänze überstanden, und die paar Stunden, bis die Ablöser ankommen, werden wir auch noch überstehen.

Du bist ein echter Schwarzseher. Warte man ab, es wird alles gut!«

»Na, dein Wort in Gottes Ohr!«

Er ging an Deck, ohne zu essen, und klemmte sich eine Zigarette zwischen seine trockenen Lippen. Die Zeit lief.

Kurz vor Mittag ging er in seine Kammer und holte seinen Seesack sowie seine alte, abgeschabte Reisetasche. Nun war die Kammer endgültig geräumt. Garcia hatte seine Klamotten schon früher nach oben geschafft und in der Mannschaftsmesse zwischengelagert.

Fiete trug sein Equipment auch dorthin, legte es auf den Haufen, den die Jungs schon aufgebaut hatten, und dann aß er mit seinen Kollegen in aller Ruhe zu Mittag. Der Smutje hatte sich tatsächlich noch einmal ordentlich ins Zeug gelegt und ihnen ein wirklich gutes Mittagsmahl bereitet.

Na ja, es hatte ja auch etliche andere Tage gegeben.

Kurz nach dem Mittagessen stoppten auf der Höhe der Gangway zwei Taxis.

Die Ablöser waren endlich eingetroffen.

Fiete nahm sein Gepäck auf und ging damit zur Gangway, dann winkte er Ahmed zu sich heran.

»Ahmed, du sprichst doch Französisch? Sag doch mal eben den Taxifahrern, sie sollen einen Augenblick warten, wir wollen alle mit ihnen zum Bahnhof fahren! Okay?«

Ahmed erledigte das sofort, und Fiete sah, wie der eine Taxifahrer zustimmend nickte.

Dann hieß es Abschied nehmen, und alle Zurückbleibenden standen an der Relingstreppe.

Der Alte, der Chief, der Erste, der Zweite Ing., Atze, der Koch und Ludwig, der Lange.

Zuerst einmal stolperten acht türkische Seeleute an Bord und sahen sich verlegen um.

Die Abmusterer schleppten ihre Siebensachen an Land und verstauten alles in den beiden wartenden Taxis.

Dann verabschiedeten sie sich an Bord von ihren ehemaligen Kollegen. Der Abschied war nicht allzu traurig.

Vom Kapitän und dem Ersten Offizier, Herrn K..., gab es kein Wort für Fiete, nur einen kurzen, kräftigen Händedruck.

Nur beim Langen bekam Fiete leicht weiche Knie.

»Langer, halt durch, du machst das schon. Vielleicht sehen wir uns ja mal irgendwann in Hamburg.

Tschüss!«

Der Lange konnte überhaupt nichts mehr sagen, war nur am Schlucken, und die Augen waren voll mit Wasser.

Danach verzogen sich alle zügig in die beiden wartenden Taxis, die starteten ihre Motoren und fuhren los. Fiete blickte noch einmal zurück und sah den Langen nur noch allein, einsam und verlassen, an der Schanzung stehen.

Er heulte tatsächlich.

Verdammter Schiet aber auch.

Verlegen kramte Fiete ein Textiltaschentuch aus seiner Hosentasche, putzte sehr laut seine Nase und wischte heimlich ganz leicht über seine Augen.

Adios, Langer, adios, »Marie Reith«, DU warst schon in Ordnung.

Nachwort

Die ehemalige Deckscrew und die beiden Maschinenleute der »Marie Reith« fuhren von Rouen aus nach Paris. Dort stiegen sie am Gare du Nord um in den Direktzug nach Hamburg über Rotterdam. Es war der sogenannte »Säuferexpress«.
Mehr oder weniger geschafft kamen die acht etliche Stunden später in Hamburg auf dem Hauptbahnhof an.
Dort tauschten sie noch alle ihre Adressen aus und versprachen sich hoch und heilig, die Kontakte aufrechtzuerhalten.
Dann gingen alle ihrer Wege.
Fiete hörte nie wieder etwas von ihnen. Nur den Assi traf er in Hamburg wieder.

Hier in diesem Buch wurden nur Tatsachen wiedergegeben, ohne etwas zu beschönigen oder wegzulassen, all das, was sich in den Monaten des Jahres 1972 während der Anwesenheit von Fiete an Bord der »Marie Reith« zugetragen hatte.
Die hier niedergeschriebenen Erlebnisse sind alle nur aus der Sicht Fietes niedergeschrieben.

Hier die Reihenfolge der angelaufenen Häfen:
Anmusterungshafen:
Savona/Italien
➜ Volos/Griechenland
➜ Sousse/Tunesien
➜ Bodö/Norwegen
➜ Boulogne/Frankreich
➜ Sydney/Kap Breton/Kanada
➜ Saint John/Kanada
➜ Puerto Cabello/Venezuela

- → Santarém/Brasilien
- → Newport News/USA
- → Trois Rivieres/Kanada
- → Rouen/Frankreich

Glossar

abgeladen = Das Schiff ist voll beladen.

achteraus = nach hinten, hinter dem Schiff

anmustern = auf einem Schiff den Dienst antreten, anheuern

Aufbauten = Bauteile über dem Hauptdeck des Schiffes, die von Bord zu Bord reichen; dagegen bezeichnet das Deckshaus oder Roof Bauteile, die nicht von Bord zu Bord reichen

aufbrisen = Der Wind nimmt an Stärke zu.

Autopilot = Selbststeuerautomatik

Ausscheiden = Ende eines Arbeitstages an Bord, auch landläufig *Feierabend*

Back = Esstisch, Essschüssel; Aufbau auf dem Vordeck eines Schiffes; alles, was sich auf der Back (Essen) befindet, gehört allen, und jeder darf zugreifen

Ballasttanks = spezielle Tanks, die mit Meerwasser gefüllt werden und zum Ausgleich der Schiffslage dienen

Baumaufholer = Ladegeschirr

Beiholer = Ein kurzer Stropp (Leine) dient zum Heranholen oder Abhalten von stehendem oder laufendem Gut.

Besatzung = Personal auf Schiffen

Bilge = seitlicher, ungenutzter Raum im Bereich des Schiffsbodens, wo sich das Leckwasser (Bilgewasser) sammelt

blinder Passagier = jemand, der ohne Erlaubnis der Schiffsführung und, ohne die Passage zu bezahlen, heimlich, zwecks Mitnahme, an Bord geht

Block = Rolle (Scheibe) in einem Holz oder Stahlgehäuse zum Durchlaufen von Tauen oder Stahlseilen

Blockwerk = seemännische Bezeichnung für »Blöcke«, Rollen, über die Drähte oder Taue geführt werden (Flaschenzug, Talje), z. B. zum Löschen und Laden

Bootsdeck = das Deck zur Unterbringung der Rettungsboote

Bootsmann = auf Handelsschiffen das für den Decksbereich verantwortliche seemännische Besatzungsmitglied (Schiffsbetriebsmeister zuständig für Deck und Maschine)

Bootsmannsstuhl = ein Sitzbrett an einem Fall (Tau), das für Arbeiten im Mast oder am Schiffsrumpf benutzt wird

Bordbuch, Schiffstagebuch, Journal = Logbuch, gesetzlich vorgeschriebenes Schiffstagebuch (§ 520 HGB), das in Verantwortung des Kapitäns laufend zu führen ist. Das Logbuch ist eine Urkunde, in dem alle für die Reise wesentlichen Daten und Ereignisse festzuhalten sind.

brechen = das Zerreißen von Draht, Tauwerk und Ketten beim Überschreiten der Bruchlast

Brecher = hohe, sich überstürzende (sich brechende) Welle (Sturzsee)

Brücke = Kurzform für Kommandobrücke

Brückennock = an beiden Seiten der Kommandobrücke herausragende Anbauten

Bugdielen = starke Abdeckung aus Holzbohlen in Unterräumen von Frachtschiffen zum Schutz der Tangdecken

Bulkladung = Schüttgut (Getreide, Erz, Kohle)

bunkern = Übernehmen von Treibstoff, Wasser und anderen Vorräten für die Reise

Crew = Besatzung, Mannschaft, besonders Schiffsmannschaft

Dampfer = Synonym für jede Art von Schiff, unabhängig vom Antrieb

Deck = waagerechte Unterteilung und oberer Abschluss des Schiffskörpers. Das Festigkeitsdeck, Verbandsdeck oder Hauptdeck ist das oberste durchlaufende Deck. Es bildet mit dem Schiffsrumpf den wasserdichten Abschluss. Über dem Hauptdeck liegen die nicht über die ganze Schiffslänge reichenden Aufbaudecks, wie Bootsdeck (Unterbringung der Rettungsboote), Brückendeck (Navigationszentrale) oder Sonnendeck (bei Passagierschiffen). Unter dem Hauptdeck liegen z. B. Zwischendeck und Rudermaschinendeck.

Decksladung = auf Deck gestaute Ladung

Deckslasching = Vorrichtung zum Festzurren der Deckslast

Decksmann = für Arbeiten an Deck eingeteilt (auch ungelernt)

durchholen = eine Leine schnell straff ziehen

Faulenzer = Baumaufholer gleich Ladegeschirr

fieren = Leine, Tau nachgeben oder eine Last mit dem Flaschenzug, Kran herunterlassen

Gang = 1. (die Gang) eine in sich geschlossene Arbeitsgruppe (Schauerleute, Bordgang, Außenbordsgang), 2. (der Gang) Durchgang, Betriebsgang, Flur auf Schiffen

Gangway = der Landgangssteg des Schiffes

Gräting = Gitterrost aus Holz oder Metall auf Schiffen

Gut = 1. Ware, Frachtgut, Schüttgut, 2. sämtliches Tauwerk des Schiffes. Man unterscheidet stehendes Gut (Stage, Wanten), das allgemein fest installiert ist, und laufendes Gut, das beim Bedienen des Ladegeschirrs bewegt wird.

Hanger = ein dicker Stahldraht zum Halten und Fieren des Ladebaumes

Heuer = Lohn eines Seemannes

Heuerbaas = Matrosenanwerber, Anwerber für Seeleute, Arbeitsvermittler für Seeleute, heute durch Seemannsämter ersetzt

Heuerschein = Seefahrtsbuch eines Seemannes

heuern = Seeleute einstellen, ein Schiff chartern

hieven = (vom Englischen to heave = »hochheben«), Lasten mittels Hebezeug (Talje) anheben, eine Leine oder Kette einholen

Kabelgatt = Raum zum Aufbewahren von Tauwerk und Farben auf Schiffen

Kabelede, Kabelgattsmann = verwaltet den Decks-Store; meistens ein Matrose

Kombüse oder Kabüse = auf Schiffen Küche, Vorratsraum

Kammer, Kabine = Schlaf-, Wohnraum für Besatzungsmitglieder

Kartenhaus = Kartenraum, Raum auf der Kommandobrücke zum Aufbewahren der Seekarten

klar = Ausdruck für »fertig« ; z. B.: Ein Schiff ist klar zum Auslaufen.

Koje = schmales, in die Kammer eingebautes Bett

Kurs = die Fahrtrichtung des Schiffes, der Winkel zwischen der Längsachse eines Schiffes und der Nordrichtung. Je nach dem Bezugspunkt unterscheidet man den rechtweisenden Kurs (Richtung nach dem geografischen Nordpol), den missweisenden Kurs (Richtung nach dem nördlichen Magnetpol) und dem Kompasskurs (missweisender Kurs + Deviation, d. h. Abweichung durch das Magnetfeld des Fahrzeugs). Durch seitliche Versetzung infolge Wind- oder Strömungseinfluss (Abdrift) wird der Kompasskurs zum Kurs über Grund (wahrer Kurs oder Kartenkurs).

Kujampelwasser = früher vom Koch zubereitet, aus Trinkwasser und eingerührter Marmelade

Labsalbe = Mischung aus Tran und Holzteer zum Rostschutz von Eisen- und Stahltrossen

labsalben = tränken des Gutes (mit Garn umwickelte Teile, Drähte) mit Mitteln, um sie wetterfest zu machen

Ladebaum, Spargel = Vorrichtung zum Heben und Versetzen von Lasten auf Frachtschiffen

Ladegeschirr = Einrichtungen, mit denen Güter an Bord bewegt werden (Bordkräne, Ladebäume, Winden)

Laderaum = Schiffsraum zum Stauen der Ladung

laschen = das Festzurren beweglicher Gegenstände, Ladung an Bord

laufendes Gut = Tauwerk oder Drähte, die zum Auf- und Niederholen von Ladebäumen sowie anderen Arbeiten dienen

Leinen los, loswerfen = Bei »Leinen los« legt das Schiff ab. Die »Leinen« (Festmacher), die das Land mit dem Schiff verbunden hatten, werden gelöst und eingeholt.

lenzen = Wasser aus dem Schiff pumpen (z. B. Bilgen lenzen)

Löschen = Entladen eines Schiffes

Lümmel = Beschlag, senkrechter Bolzen, um den sich ein schwenkbarer Ladebaum dreht

Luke = Luk (mittelniederdeutsch, altsächsisch lukan »schließen«), durch meist feste Deckel verschließbare kleinere Öffnungen (Niedergangsluke) oder mit losen Deckeln wasserdicht verschließbare große Öffnungen im Deck zum Be- oder Entladen des Schiffes (Ladeluke)

Lukenrand = (Lukensüll) etwa einen Meter bis mannshohe Umrandung der Lukenöffnung als Süll (hier angesprochen Frachtschiffe der 60er- und 70er-Jahre)

Matrose = ausgebildetes Mitglied der Schiffsbesatzung, seit Anfang der 1970er-Jahre anerkannter Beruf. Bei der Handelsmarine wurde 1984 dann die Ausbildung zum Matrosen eingestellt. Das Berufsbild »Matrose« gibt es heute nicht mehr. An seine Stelle ist der Schiffsmechaniker getreten, mit einer Ausbildung für die Verwendung an Deck und in der Maschine.

Mennige = (lateinisch: Minium-Zinnober) ein Bleioxid, leuchtend rotes, in Wasser nicht lösliches Pulver. Mennige wurde u. a. gemischt mit Leinöl und als Rostschutzmittel verwendet.

Messe = auf Schiffen Speise- und Aufenthaltsraum der Offiziere, Unteroffiziere und Mannschaften (Offiziersmesse, Mannschaftsmesse)

Muck = (Mug, Mugge) Trinkbecher, vielmals aus (emailliertem) Blech

Musing = Sicherung eines offenen Hakens gegen das Herausrutschen eines angehängten Auges usw.; eines Schäkels gegen selbstständiges Herausdrehen des Bolzens

Niedergang = Treppe von Deck zu Deck

Pantry = Anrichteraum an Bord von Schiffen, der zur Aufbewahrung und zum Anrichten von Speisen dient

Pütz = Wassereimer aus Blech oder Holz

Preventer = dickes Drahtseil, das den Ladebaum im Stellwinkel festhält (zusätzlich zur Gei), Teil des Ladegeschirrs

Reling = Schiffsgeländer, offenes, festes, z. T. herausnehmbares oder klappbares Geländer als Begrenzung freiliegender Decks

Relingstreppe = Zugang vom Schiff zum Schanzkleid an Deck. Sie wird über das Schanzkleid gehakt. Einseitig ist sie mit einem herausnehmbaren Geländer versehen.

Ruder = Einrichtung zum Steuern eines Schiffes

Rudergänger = der nach Anweisung das Ruder bedient

Runner = Lastseil einer Winde, auch Windenläufer

Schäkel, Schekel = mit Bolzen verschließbarer, U-förmiger Haken zum Verbinden von Ketten, Seilen und Tauen

Schlagpütz = kleinerer Wassereimer mit angespleißtem Haltetau zum Schöpfen von Seewasser bei Reinigungsarbeiten

Schanzkleid, Schanz = im Gegenteil zur Reling eine feste, das freie Deck eines Schiffes nach außen abschließende Schutzwand

Seefahrtsbuch = Ausweis, in dem jede An- und Abmusterung eines Seemannes durch das Seemannsamt eingetragen wird; Nachweis für geleistete Seefahrtzeit

Seetörn = Fahrt über offene See

Stag = Seil oder starker Draht zum Sichern und Stützen von Masten in der Längsrichtung des Schiffes

steuern = einen Kurs verfolgen (halten)

Store = englische Bezeichnung für Laden. In der Schifffahrt Vorrats-, Lagerraum zum Aufbewahren von Vorräten, Werkzeug usw.

Tangodiesel = Radio

Tidenhub = der Höhenunterschied im Wechsel von Hoch- und Niedrigwasser der Gezeiten

Törn = (niederdeutsch) Slang, seemännisch, Zeitabschnitt einer Reise (z. B. Seetörn), bestimmte wiederkehrende Zeitfolge (z. B. Wachtörn), Tauwindung; Schlinge in einer Leine

törnen = schlingen

Tramp = Schiff ohne feste Route, das sich nach dem gerade vorliegenden Transportbedarf richtet (Trampschifffahrt)

Vorreiber = drehbarer Verschlussbolzen an einer Tür (Schott) oder Klappe

Wache = (Schiffswache) Einteilung der Besatzung auf verschiedene Wachdienste im Schichtdienst

Wachgänger = Brückenwache, Maschinenwache, Deckswache (bewacht das Schiff im Hafen)

Windenhaus = kurzes Deckshaus zwischen den Ladeluken auf dem Hauptdeck von Frachtschiffen

Ziehschein = Slang: eine bestimmte Geldsumme seiner Heuer auf das heimatliche Bankkonto überweisen

Zutörnen = Slang = Mehrarbeit leisten

Vom Autor bisher erschienen:

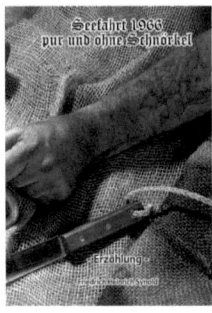

Seefahrt 1966 pur und ohne Schnörkel
Erzählung

ISBN 978-3-8334-4382-4
PB, 268 Seiten
16,80 Euro

Dieses Buch erzählt über den Arbeitsalltag des Decksmannes Fiete auf einem Tanker. Es erzählt von Walen, fliegenden Fischen, den Traditionen der Seeleute und natürlich dem Duft der Tropen. Nicht zu vergessen der Landgang in der Karibik, der anders endete, als es sich der Decksmann Fiete ausgemalt hatte. Aber am Ende kamen er und seine Kameraden doch unbeschadet wieder in ihrem Heimathafen in Hamburg an.

Seefahrt, Kümo 1969. Alles ungeschminkt!
Autobiografischer Roman

ISBN 978-3-8482-3572-8
PB, 360 Seiten
22,20 Euro

Decksmann Fiete hatte es geschafft und war in Hamburg auf einem Kümo, der »Libromadeira«, angemustert.
Dort wurde es dann doch härter und nicht ganz so einfach, wie er es sich in seiner Fantasie ausgemalt hatte. Trotz allem entstanden echte Männer-

freundschaften, die auch durch das überaus merkwürdige Verhalten eines anderen Crewmitgliedes nicht erschüttert werden konnten.

Sie ritten auf der »Libromadeira« schwerste Stürme ab, wobei es Fiete so mulmig wurde, dass sogar erstmals wieder Gedanken an Gott in ihm aufkeimten.

Trotzdem trieben sie es mit den wildesten Mädels an Nord- und Ostsee. Die daraus resultierenden kurzen Nächte hielten sie nicht davon ab, morgens immer wieder einigermaßen fit an Deck zu erscheinen.

In Belfast gerieten Achim, Theo, Reinhard und Fiete in eine heftige Schlägerei, der sie durch Flucht entkommen wollten. Schnellstens versuchten sie in Achims parkenden Käfer zu gelangen. Da traf Fiete urplötzlich etwas Hartes an seiner rechten Schläfe und auf einen Schlag erloschen seine Lebensgeister. War nun alles aus? Für immer vorbei?